E.T.A. Hoffmann (1776-1822) galt lange, vor allem im Ausland, als der größte deutsche Erzäler. Die Wirklichkeit als bürgerlicher Alltag und das traumland als Reich der Verzauberungen brachten in Ironie und Märchen auseinander. Alles Irdische war ihm mit Geistern gefüllt, die sich in gute und bösen Dämonen scheiden. Er zeigt uns in all seinen Werken das Schicksal romantischer Menschen und Künstler inmitten einer feindliche eingestellten, bürgerlichen Welt.

Hoffmann unterschied zwischen den poetischen Menschen, die das Wunderbare im Leben erfühlen, und jenen, die als Philister in platter Alltäglichkeit verharren.

1813-15 schrieb er die *Phantasiestücke in Callots Manier,* worin *Ritter Glück,* und *Der Goldene Topf* beinhaltet sind.

Der Reichtum seiner Erzählphantasie lebte sich in einer Vielzahl von verschiedenen Erzählformen aus, die er in *Nachtstücke* (1817) und in dem Zyklus *Die Serapionsbrüder* (1819-21) sammelte.

Die Entwicklung von *Prinzessin Brambilla* (1821) bis zu *Meister Floh* (1822) läßt erkennen, wie an die Stelle von romantischer Ironie und Phantasie die persönlichen Kräfte von Humor und Innerlichkeit treten, wodurch er den Übergang zum Psychologischen Realismus des 19. Jahrhunderts findet.

La Spiga languages

Der goldene Topf

Erste Vigilie

Am Himmelfahrtstage, nachmittags um drei Uhr, rannte ein junger Mensch in Dresden durchs Schwarze Tor und geradezu in einen Korb mit Äpfeln und Kuchen hinein, die ein altes häßliches Weib feilbot, so daß alles, was der Quetschung glücklich entgangen, hinausgeschleudert wurde und die Straßenjungen sich lustig in die Beute teilten, die ihnen der hastige Herr zugeworfen. Auf das Zetergeschrei, das die Alte erhob, verließen die Gevatterinnen ihre Kuchen- und Branntweintische, umringten den jungen Menschen und schimpften mit pöbelhaftem Ungestüm auf ihn hinein, so daß er, vor Ärger und Scham verstummend, nur seinen kleinen, nicht eben besonders gefüllten Geldbeutel hinhielt, den die Alte begierig ergriff und schnell einsteckte. Nun öffnete sich der festgeschlossene Kreis, aber indem der junge Mensch hinausschoß, rief ihm die Alte nach: „Ja, renne - renne nur zu, Satanskind - ins Kristall bald dein Fall - ins Kristall!" - Die gellende, krächzende Stimme des Weibes hatte etwas Entsetzliches, so daß die Spaziergänger verwundert stillstanden, und das Lachen, das sich erst verbreitet, mit einemmal verstummte. - Der Student Anselmus (niemand anders war der junge Mensch) fühlte sich, unerachtet er des Weibes sonderbare Worte durchaus nicht verstand, von einem unwillkürlichen Grausen ergriffen, und beflügelte noch mehr seine Schritte, um sich den auf ihn gerichteten Blicken der neugierigen Menge zu entziehen. Wie er sich nun durch das Gewühl geputzter Menschen durcharbeitete, hörte er überall murmeln: „Der arme junge Mann - Ei! - über das verdammte Weib!" - Auf ganz besondere Weise hatten die geheimnisvollen Worte der Alten dem lächerlichen Abenteuer eine gewisse tragische Wendung gegeben, so daß man dem vorhin ganz Unbemerkten jetzt teilnehmend nachsah. Die Frauenzimmer verziehen dem wohlgebildeten Gesichte, dessen Ausdruck die Glut des innern Grimms noch erhöhte, sowie dem kräftigen Wuchse des Jünglings alles Ungeschick, sowie den ganz aus dem Gebiete aller Mode liegenden Anzug. Sein hechtgrauer Frack war nämlich so zugeschnitten, als habe der Schneider, der ihn gearbeitet, die moderne Form nur vom Hörensagen gekannt, und das schwarzatlasne wohlgeschonte Unterkleid gab dem Ganzen einen gewissen magistermäßigen Stil, dem sich nun wieder Gang und Stellung durchaus nicht fügen wollte. - Als der Student schon beinahe das Ende der Allee erreicht, die nach dem Linkischen Bade führt, wollte ihm beinahe der Atem ausgehen. Er war genötigt, langsamer zu wandeln; aber kaum wagte er den Blick in die Höhe zu richten, denn noch immer sah er die Äpfel und Kuchen um sich tanzen, und jeder freundliche Blick dieses oder jenes Mädchens war ihm nur der Reflex des schadenfrohen Gelächters am Schwarzen Tor. So war er bis an den Eingang des Linkischen Bades gekommen; eine Reihe festlich gekleideter Menschen nach der andern zog herein.

Himmelfahrtstage: Christus Auffahrt in den Himmel
geradezu: noch dazu
häßliches: unschönes   **Weib:** Frau
feilbot: anbot   **entgangen:** gerettet
hinausgeschleudert: hinausgeworfen
Beute: Fang   **hastige:** eilige
erhob: anfing   **Gevatterinnen:** Kolleginnen
umringten: standen im Kreis
pöbelhaftem Ungestüm: flegelhafter Heftigkeit
Scham: Verlegenheit   **verstummend:** still werdend
Geldbeutel: Portemonaie   **Alte:** alte Frau
einsteckte: in die Tasche steckte
hinausschoß: schnell wegrannt
Satanskind: Kind des Teufels
gellende: kreischende   **krächzende:** heisere
stillstanden: stehen blieben
einemmal: plötzlich   **verstummte:** abbrach
niemand anders: kein anderer
unerachtet: abgesehen von   **sonderbare:** eigenartige
unwillkürlichen: unbewußten
beflügelte: beschleunigte
Menge: Menschenmasse   **entziehen:** entkommen
Gewühl: Gedränge   **geputzter:** fein gekleideter
murmeln: flüstern   **verdammte:** verfluchte
Weise: Art
Abenteuer: Erlebnis   **Wendung:** Wandel
vorhin: vor Kurzem   **Unbemerkten:** Unbeachteten
Frauenzimmer: Frauen   **verziehen:** entschuldigten
Ausdruck: Miene   **Glut:** Heftigkeit
kräftigen Wuchse: starken Körper
aus dem Gebiete aller Mode liegenden: unmodernen
hechtgrauer: graufarben wie ein Hecht (Fisch)

schwarzatlasne: aus schwarzem Atlasstoff
gewissen: fast
Gang und Stellung: Bewegung und Haltung
beinahe: fast
ausgehen: aussetzen
genötigt: gezwungen   **wandeln:** laufen

schadenfrohen: höhnischen
Linkischen Bades: Festsaal eines Kurortes
Reihe: Vielzahl

3

Musik von Blasinstrumenten ertönte von innen, und immer lauter und lauter wurde das Gewühl der lustigen Gäste. Die Tränen wären dem armen Studenten Anselmus beinahe in die Augen getreten, denn auch *er* hatte, da der Himmelfahrtstag immer ein besonderes Familienfest für ihn gewesen, an der Glückseligkeit des Linkischen Paradieses teilnehmen, ja er hatte es bis zu einer halben Portion Kaffee mit Rum und einer Bouteille Doppelbier treiben wollen und, um so recht schlampampen zu können, mehr Geld eingesteckt, als eigentlich erlaubt und tunlich war. Und nun hatte ihn der fatale Tritt in den Apfelkorb um alles gebracht, was er bei sich getragen. An Kaffee, an Doppelbier, an Musik, an den Anblick der geputzten Mädchen - kurz! - an alle geträumten Genüsse war nicht zu denken; er schlich langsam vorbei und schlug endlich den Weg an der Elbe ein, der gerade ganz einsam war. Unter einem Holunderbaume, der aus der Mauer hervorgesprossen, fand er ein freundliches Rasenplätzchen; da setzte er sich hin und stopfte seine Pfeife von dem Sanitätsknaster, den ihm sein Freund, der Konrektor Paulmann, geschenkt. - Dicht vor ihm plätscherten und rauschten die goldgelben Wellen des schönen Elbstroms; hinter demselben streckte das herrliche Dresden kühn und stolz seine lichten Türme empor in den duftigen Himmelsgrund, der sich hinabsenkte auf die blumigen Wiesen und frisch grünenden Wälder, und aus tiefer Dämmerung gaben die zackichten Gebirge Kunde vom fernen Böhmerlande. Aber finster vor sich hinblickend, blies der Student Anselmus die Dampfwolken in die Luft und sein Unmut wurde endlich laut, indem er sprach: „Wahr ist es doch, ich bin zu allem möglichen Kreuz und Elend geboren! - Daß ich niemals Bohnenkönig geworden, daß ich im Paar oder Unpaar immer falsch geraten, daß mein Butterbrot immer auf die fette Seite gefallen, von allem diesen Jammer will ich gar nicht reden; aber ist es nicht ein schreckliches Verhängnis, daß ich, als ich denn doch nun dem Satan zum Trotz Student geworden war, ein Kümmeltürke sein und bleiben mußte? - Ziehe ich wohl je einen neuen Rock an, ohne gleich das erstemal einen Talgfleck hineinzubringen oder mir an einem übel eingeschlagenen Nagel ein verzünschtes Loch hineinzureißen? Grüße ich wohl je einen Herrn Hofrat oder eine Dame, ohne den Hut weit von mir zu schleudern oder gar auf dem glatten Boden auszugleiten und schändlich umzustülpen? Hatte ich nicht schon in Halle jeden Markttag eine bestimmte Aufgabe von drei bis vier Groschen für zertretene Töpfe, weil mir der Teufel in den Kopf setzt, meinen Gang geradeaus zu nehmen wie die Laminge? Bin ich denn ein einziges Mal ins Kollegium, oder wo man mich sonst hinbeschieden, zu rechter Zeit gekommen? Was half es, daß ich eine halbe Stunde vorher ausging und mich vor die Tür stellte, den Drücker in der Hand, denn sowie ich mit dem Glockenschlage aufdrücken wollte, goß mir der Satan ein Waschbecken über den Kopf oder ließ mich mit einem Heraustretenden zusammenrennen, daß ich in tausend Händel verwickelt wurde und darüber alles versäumte. - Ach! ach! wo seid ihr hin, ihr seligen

ertönte: erklang
lauter: stärker   **Gewühl:** Gedränge

getreten: gekommen
Glückseligkeit: Frohsinns

Bouteille: Flasche   **Doppelbier:** starkes Bier
schlampampen: gut essen und trinken
eingesteckt: mitgenommen   **tunlich:** angemessen
fatale: verhängnisvoll

Genüsse: Vergnügen
schlich: huschte
Elbe: Flußname   **einsam:** leer
hervorgesprossen: herausgewachsen war
stopfte: füllte
Sanitätsknaster: schlechten Tabak
Dicht: Nahe   **plätscherten:** rieselten
Elbstroms: Elbeflusses
kühn: frech   **lichten:** schlanken
duftigen: wohlriechenden   **hinabsenkte:** niederschlug
blumigen Wiesen: Wiesen voller Blumen
zackichten: gezackten   **Kunde:** Nachricht
finster: ernst   **blies:** pustete
Dampfwolken: Rauch   **Unmut:** Mißfallen

Kreuz und Elend: Leiden
Paar oder Unpaar: Gleichen oder Ungleichen
fette Seite: mit Butter bestrichene Seite
Jammer: Leid   **schreckliches:** furchtbares
Verhängnis: Schicksal   **Satan:** Teufel
Kümmeltürke: Spießbürger
Rock: Kleid
Talgfleck: Fettfleck   **übel:** schlecht
verzünschtes: großes

schleudern: werfen   **glatten:** schlüpfrigen
schändlich: entwürdigend   **umzustülpen:** hinzufallen
zertretene: mit Füßen kaputt gemachte
Gang geradeaus zu nehmen: geradeaus zu laufen
Kollegium: Internat
hinbeschieden: hinbestellt

Drücker: Klingelknopf   **sowie:** sobald
goß: Präteritum von *gießen*
Heraustretenden: einer Person, die herauskam
Händel: Streit   **verwickelt:** hineingezogen

Träume künftigen Glücks, wie ich stolz wähnte, ich könne es wohl hier noch bis zum geheimen Sekretär bringen! Aber hat mir mein Unstern nicht die besten Götter verfeindet? - Ich weiß, daß der Geheime Rat, an den ich empfohlen bin, verschnittenes Haar nicht leiden mag; mit Mühe befestigt der Friseur einen kleinen Zopf an meinem Hinterhaupt, aber bei der ersten Verbeugung springt die unglückselige Schnur, und ein munterer Mops, der mich umschnüffelt, apportiert im Jubel das Zöpfchen dem Geheimen Rate.

Ich springe erschrocken nach und stürze über den Tisch, an dem er frühstückend gearbeitet hat, so daß Tassen, Teller, Tintenfaß - Sandbüchse klirrend herabstürzen und der Strom von Schokolade und Tinte sich über die eben geschriebene Relation ergießt. „Herr, sind Sie des Teufels!" brüllt der erzürnte Geheime Rat und schiebt mich zur Tür hinaus. - Was hilft es, daß mir der Konrektor Paulmann Hoffnung zu einem Schreiberdienste gemacht hat, wird es denn mein Unstern zulassen, der mich überall verfolgt! - Nur noch heute! - Ich wollte den lieben Himmelfahrtstag recht in der Gemütlichkeit feiern, ich wollte ordentlich was draufgehen lassen. Ich hätte ebensogut wie jeder andere Gast in Linkes Bade stolz rufen können: „Markör - eine Flasche Doppelbier - aber vom besten bitte ich!" - Ich hätte bis spät abends sitzen können, und noch dazu nahe bei dieser oder jener Gesellschaft herrlich geputzter schöner Mädchen. Ich weiß es schon, der Mut wäre mir gekommen, ich wäre ein ganz anderer Mensch geworden; ja, ich hätte es soweit gebracht, daß, wenn diese oder jene gefragt: „Wie spät mag es wohl jetzt sein?' oder: „Was ist denn das, was sie spielen?", da wäre ich mit leichtem Anstande aufgesprungen, ohne mein Glas umzuwerfen oder über die Bank zu stolpern; mich in gebeugter Stellung anderthalb Schritte vorwärtsbewegend, hätte ich gesagt: „Erlauben Sie, Mademoiselle, Ihnen zu dienen, es ist die Ouvertüre aus dem Donauweibchen", oder: „Es wird gleich sechs Uhr schlagen." - Hätte mir das ein Mensch in der Welt übel deuten können? - Nein! sage ich, die Mädchen hätten sich so schalkhaft lächelnd angesehen, wie es wohl zu geschehen pflegt, wenn ich mich ermutige, zu zeigen, daß ich mich auch wohl auf den leichten Weltton verstehe und mit Damen umzugehen weiß. Aber da führt mich der Satan in den verwünschten Äpfelkorb, und nun muß ich in der Einsamkeit meinen Sanitätsknaster -" Hier wurde der Student Anselmus in seinem Selbstgespräche durch ein sonderbares Rieseln und Rascheln unterbrochen, das sich dicht neben ihm im Grase erhob, bald aber in die Zweige und Blätter des Holunderbaums hinaufglitt, der sich über seinem Haupte wölbte. Bald war es, als schüttle der Abendwind die Blätter, bald, als ko'sten Vögelein in den Zweigen, die kleinen Fittiche im mutwilligen Hin- und Herflattern rührend. - Da fing es an zu flüstern und zu lispeln, und es war, als ertönten die Blüten wie aufgehangene Kristallglöckchen. Anselmus horchte und horchte. Da wurde, er wußte selbst nicht wie, das Gelispel und Geflüster und Geklingel zu leisen halbverwehten Worten:

wähnte: vermutete
Unstern: der böse Geist
Geheime Rat: Minister   **empfohlen:** befürwortet
leiden: dulden
Zopf: zusammengebundenes Haar
Verbeugung: Verneigung   **springt:** reißt
Mops: Hunderasse   **apportiert:** bringt

springe ... nach: laufe hinterher

klirrend: lärmend   **herabstürzen:** hinunterfallen
eben: gerade   **Relation:** Bericht
sind Sie des Teufels: sind Sie wahnsinnig
Konrektor: stellvertretender Rektor
Schreiberdienste: Sekretär
Unstern: böser Geist   **zulassen:** gestatten
recht: schön   **Gemütlichkeit:** Behaglichkeit
ordentlich: so richtig   **ebensogut:** genausogut
stolz: selbstbewußt
Doppelbier: starkes Bier

herrlich: wunderschön   **geputzter:** gekleideter

leichtem: dezenten
Anstande: Benehmen   **umzuwerfen:** umzukippen
stolpern: fallen   **anderthalb:** ein und ein halb
vorwärtsbewegend: laufend

übel deuten: falsch auslegen
schalkhaft: schelmisch
ermutige: Mut mache
leichten: amüsanten   **Weltton:** Art
verwünschten: verfluchten
Einsamkeit: Zurückgezogenheit
Selbstgespräche: Monologe
sonderbares: merkwürdiges   **unterbrochen:** gestört
dicht: nahe   **erhob:** hervorkam
hinaufglitt: hinaufschwebte
Haupte: Kopf   **schüttle:** bewegte
ko'sten: koseten, küßten sich
mutwilligen: absichtlichen   **rührend:** bewegend
lispeln: tuscheln   **ertönten:** erklängen
Kristallglöckchen: kleine Glocken aus Kristall
Gelispel und Geflüster: Tuscheln und Murmeln
halbverwehten: halb verständlichen

„Zwischendurch - zwischenein - zwischen Zweigen, zwischen schwellenden Blüten, schwingen, schlängeln, schlingen wir uns - Schwesterlein - Schwesterlein, schwinge dich im Schimmer - schnell, schnell herauf - herab - Abendsonne schießt Strahlen, zischelt der Abendwind - raschelt der Tau - Blüten singen - rühren wir Zünglein, singen wir mit Blüten und Zweigen - Sterne bald glänzen - müssen herab - zwischendurch, zwischenein schlängeln, schlingen, schwingen wir uns Schwesterlein." -

So ging es fort in Sinne verwirrender Rede. Der Student Anselmus dachte:

„Das ist denn doch nur der Abendwind, der heute mit ordentlich verständlichen Worten flüstert." - Aber in dem Augenblick ertönte es über seinem Haupte wie ein Dreiklang heller Kristallglocken; er schaute hinauf und erblickte drei in grünem Gold erglänzende Schlänglein, die sich um die Zweige gewickelt hatten und die Köpfchen der Abendsonne entgegenstreckten. Da flüsterte und lispelte es von neuem in jenen Worten, und die Schlänglein schlüpften und kos'ten auf und nieder durch die Blätter und Zweige, und wie sie sich so schnell rührten, da war es, als streue der Holunderbusch tausend funkelnde Smaragde durch seine dunklen Blätter. „Das ist die Abendsonne, die so in dem Holunderbusch spielt", dachte der Student Anselmus, aber da ertönten die Glocken wieder, und Anselmus sah, wie eine Schlange ihr Köpfchen nach ihm herabstreckte. Durch alle Glieder fuhr es ihm wie ein elektrischer Schlag, er erbebte im Innersten - er starrte hinauf, und ein Paar herrliche dunkelblaue Augen blickten ihn an mit unaussprechlicher Sehnsucht, so daß ein nie gekanntes Gefühl der höchsten Seligkeit und des tiefsten Schmerzes seine Brust zersprengen wollte. Und wie er voll heißen Verlangens immer in die holdseligen Augen schaute, da ertönten stärker in lieblichen Akkorden die Kristallglocken, und die funkelnden Smaragde fielen auf ihn herab und umspannen ihn, in tausend Flämmchen um ihn herflackernd und spielend mit schimmernden Goldfaden. Der Holunderbusch rührte sich und sprach: „Du lagst in meinem Schatten, mein Duft umfloß dich, aber du verstandest mich nicht. Der Duft ist meine Sprache, wenn ihn die Liebe entzündet." Der Abendwind strich vorüber und sprach: „Ich umspielte deine Schläfe, aber du verstandest mich nicht, der Hauch ist meine Sprache, wenn ihn die Liebe entzündet." Die Sonnenstrahlen brachen durch das Gewölk, und der Schein brannte wie in Worten: „Ich umgoß dich mit glühendem Gold, aber du verstandest mich nicht; Glut ist meine Sprache, wenn sie die Liebe entzündet."

Und immer inniger und inniger versunken in den Blick des herrlichen Augenpaars, wurde heißer die Sehnsucht; glühender das Verlangen. Da regte und bewegte sich alles, wie zum frohen Leben erwacht. Blumen und Blüten dufteten um ihn her, und ihr Duft war wie herrlicher Widerhall die goldenen vorüberfliehenden Abendwolken in ferne Lande. Aber als der letzte Strahl der Sonne schnell hinter den Bergen verschwand und nun die Dämmerung ihren Flor

schwellenden: aufquellenden
schwinge: schauklel
schießt: sendet   **zischelt:** flüstert
raschelt: säuselt   **rühren:** bewegen sich

schlängeln: sich winden   **schlingen:** sich emporranken

fort: weiter   **verwirrender:** konfuser

ordentlich: ziemlich
ertönte: erklang
Haupte: Kopf
schaute: blickte   **erblickte:** sah
Schlänglein: kleine Schlangen
flüsterte: murmelte   **lispelte:** tuschelte
schlüpften: schlichen

rührten: bewegten   **streue:** wärfe
funkelnde: glänzende   **Smaragde:** grüne Edelsteine

Glieder: Körper   **erbebte:** zitterte
starrte: schaute
unaussprechlicher: unsagbarer
höchsten: größten   **Seligkeit:** Glückgefühls
zersprengen: platzen   **Verlangens:** Begehrens
holdseligen: lieblichen   **ertönten:** erklangen
Akkorden: Dreiklang   **funkelnden:** leuchtenden
umspannen: umgaben
schimmernden: glänzenden
rührte sich: bewegte sich
umfloß: umgab
entzündet: entflammt   **strich:** wehte

Hauch: leichter Wind
Gewölk: Wolken
Schein: Sonnenschein   **umgoß:** bedeckte
Glut: Feuer

inniger: tiefer

regte: rührte

Widerhall: Echo
ferne: weit entfernte
Dämmerung: Halbdunkel   **Flor:** Schleier

über die Gegend warf, da rief, wie aus weiter Ferne, eine rauhe tiefe Stimme: „Hei, hei, was ist das für ein Gemunkel und Geflüster da drüben? - Hei, hei, wer sucht mir doch den Strahl hinter den Bergen! - genug gesonnt, genug gesungen - Hei, hei, durch Busch und Gras - durch Gras und Strom! - Hei - hei - Her u-u-u nter - Her u-u-unter!"

So verschwand die Stimme wie im Murmeln eines fernen Donners, aber die Kristallglocken zerbrachen im schneidenden Mißton. Alles war verstummt, und Anselmus sah, wie die drei Schlangen schimmernd und blinkend durch das Gras nach dem Strome schlüpften; rischelnd und raschelnd stürzten sie sich in die Elbe, und über den Wogen, wo sie verschwunden, knisterte ein grünes Feuer empor, das in schiefer Richtung nach der Stadt zu leuchtend verdampfte.

Zweite Vigilie

„Der Herr ist wohl nicht ganz bei Troste!" sagte eine ehrbare Bürgersfrau, die, vom Spaziergange mit der Familie heimkehrend, stillstand und mit übereinandergeschlagenen Armen dem tollen Treiben des Stundenten Anselmus zusah. Der hatte nämlich den Stamm des Holunderbaumes umfaßt und rief unaufhörlich in die Zweige und Blätter hinein: „O nur noch einmal blinket und leuchtet, ihr lieblichen goldnen Schlänglein, nur noch einmal laßt eure Glockenstimmchen hören! Nur noch einmal blicket mich an, ihr holdseligen blauen Augen, nur noch einmal, ich muß ja sonst vergehen in Schmerz und heißer Sehnsucht!" Und dabei seufzte und ächzte er aus der tiefsten Brust recht kläglich und schüttelte vor Verlangen und Ungeduld den Holunderbaum, der aber statt aller Antwort nur ganz dumpf und unvernehmlich mit den Blättern rauschte und so den Schmerz des Studenten Anselmus ordentlich zu verhöhnen schien. - „Der Herr ist wohl nicht recht bei Troste," sagte die Bürgersfrau, und dem Anselmus war es so, als würde er aus einem tiefen Traum gerüttelt oder gar mit eiskaltem Wasser begossen, um ja recht jählich zu erwachen. Nun sah er erst wieder deutlich, wo er war, und besann sich, wie ein sonderbarer Spuk ihn geneckt und gar dazu getrieben habe, ganz allein für sich selbst in laute Worte auszubrechen. Bestürzt blickte er die Bürgersfrau an und griff endlich nach dem Hute, der zur Erde gefallen, um davonzueilen. Der Familienvater war unterdessen auch herangekommen und hatte, nachdem er das Kleine, das er auf dem Arm getragen, ins Gras gesetzt, auf seinen Stock sich stützend, mit Verwunderung dem Studenten zugehört und zugeschaut. Er hob jetzt Pfeife und Tabaksbeutel auf, die der Student fallen lassen, und sprach, beides ihm hinreichend: „Lamentier der Herr nicht so schrecklich in der Finsternis, und vexier Er nicht die Leute, wenn Ihm sonst nichts fehlt, als daß Er zuviel ins Gläschen geguckt - geh Er fein ordentlich zu Hause und leg Er sich aufs Ohr!" Der Student Anselmus schämte sich sehr, er stieß ein weinerliches Ach! aus. „Nun, nun," fuhr der Bürgersmann fort, „laß es der Herr nur gut sein, so was geschieht den Besten, und am lieben Himmelfahrtstage kann

rauhe: heisere
Gemunkel: Tratsch   **Geflüster:** Getuschel

Busch: Strauch
Strom: Fluß
Murmeln: Grummeln   **Donners:** Gewitters
schneidenden: kalten   **Mißton:** Mißklang
verstummt: sill geworden
schimmernd: glänzend   **blinkend:** leuchtend
rischelnd und raschelnd: Geräusch durch bewegtes Laub
Wogen: Wellen   **knisterte:** zischte
schiefer: schräger   **Richtung:** Direktion

nicht ganz bei Troste: ein bißchen verrückt
Bürgersfrau: Einwohnerin
stillstand: stehen blieb   **tollen:** merkwürdigen
Treiben: Vorgehen
Stamm: Baumstamm   **umfaßt:** umarmt

holdseligen: lieblichen
vergehen: sterben
seufzte: stöhnte   **ächzte:** jammerte
Brust: Herzen   **kläglich:** erbärmlich
dumpf: schwach
unvernehmlich: unverständlich
ordentlich: richtig   **verhöhnen:** verspotten

gerüttelt: geschüttelt
jählich: schnell
besann: erinnerte
sonderbarer: merkwürdiger   **Spuk:** Geist
Bestürzt: Entsetzt
griff: langte
davonzueilen: wegzurennen   **unterdessen:** inzwischen
Kleine: kleines Kind
stützend: Halt gebend
Verwunderung: Erstaunen

Lamentier: Klage   **schrecklich:** laut
Finsternis: Dunkelheit   **vexier:** necke
zu viel ins Gläschen geguckt: zuviel getrunken
zu Hause: nach Hause   **leg sich aufs Ohr:** schlafe
schämte sich: genierte sich

man wohl in der Freude seines Herzens ein Schlückchen über den Durst tun. Das passiert auch wohl einem Mann Gottes - der Herr ist ja doch wohl ein Kandidat. - Aber wenn es der Herr erlaubt, stopf ich mir ein Pfeifchen von Seinem Tabak, meiner ist mir da droben ausgegangen." Dies sagte der Bürger, als der Student Anselmus schon Pfeife und Beutel einstecken wollte, und nun reinigte der Bürger langsam und bedächtig seine Pfeife und fing ebenso langsam an zu stopfen. Mehrere Bürgermädchen waren dazugetreten, die sprachen heimlich mit der Frau und kickerten miteinander, indem sie den Anselmus ansahen. Dem war es, als stände er auf lauter spitzigen Dornen und glühenden Nadeln. Sowie er nur Pfeife und Tabakbeutel erhalten, rannte er spornstreichs davon. Alles, was er Wunderbares gesehen, war ihm rein aus dem Gedächtnis geschwunden, und er besann sich nur, daß er unter dem Holunderbaum allerlei tolles Zeug ganz laut geschwatzt, was ihm denn um so entsetzlicher war, als er von jeher einen innerlichen Abscheu gegen alle Selbstredner gehegt. „Der Satan schwatzt aus ihnen," sagte sein Rektor, und daran glaubte er auch in der Tat. Für einen am Himmelfahrtstage betrunkenen Candidatus theologiae gehalten zu werden, der Gedanke war ihm unerträglich. Schon wollte er in die Pappelallee bei dem Koselschen Garten einbiegen, als eine Stimme hinter ihm herrief: „Herr Anselmus! Herr Anselmus! wo rennen Sie denn um tausend Himmels willen hin in solcher Hast!" Der Student blieb wie in den Boden gewurzelt stehen, denn er war überzeugt, daß nun gleich ein neues Unglück auf ihn einbrechen werde. Die Stimme ließ sich wieder hören: „Herr Anselmus, so kommen Sie doch zurück, wir warten hier am Wasser!" - Nun vernahm der Student erst, daß es sein Freund, der Konrektor Paulmann war, der ihn rief; er ging zurück an die Elbe und fand den Konrektor mit seinen beiden Töchtern sowie den Registrator Heerbrand, wie sie eben im Begriff waren, in eine Gondel zu steigen. Der Konrektor Paulmann lud den Studenten ein, mit ihm über die Elbe zu fahren und dann in seiner auf der Pirnaer Vorstadt gelegenen Wohnung abends über bei ihm zu bleiben. Der Student Anselmus nahm das recht gern an, weil er denn doch so dem bösen Verhängnis, das heute über ihn walte, zu entrinnen glaubte. Als sie nun über den Strom fuhren, begab es sich, daß auf dem jenseitigen Ufer bei dem Antonschen Garten Feuerwerk abgebrannt wurde. Prasselnd und zischend fuhren die Raketen in die Höhe, und die leuchtenden Sterne zersprangen in den Lüften, tausend knisternde Strahlen und Flammen um sich sprühend. Der Student Anselmus saß in sich gekehrt bei dem rudernden Schiffer, als er nun aber im Wasser den Widerschein der in der Luft herumsprühenden und knisternden Funken und Flammen erblickte, da war es ihm, als zögen die goldnen Schlänglein durch die Flut. Alles, was er unter dem Holunderbaum Seltsames geschaut, trat wieder lebendig in Sinn und Gedanken, und aufs neue ergriff ihn die unaussprechliche Sehnsucht, das glühende Verlangen, welches dort seine Brust in kramphaft schmerzvollem Entzücken erschüttert. „Ach, seid ihr es denn wieder, ihr goldenen Schlänglein, singt nur,

über den Durst tun: zuviel trinken
passiert: geschieht
erlaubt: gestattet
droben: da oben
ausgegangen: zu Ende gegangen

Beutel: Tabakbeutel   **reinigte:** machte ... sauber
bedächtig: sorgfältig   **ebenso:** genauso
stopfen: mit Tabak zu füllen
heimlich: leise   **kickerten:** lachten leise
lauter: vielen   **spitzigen:** nadelförmigen
glühenden: heißen
spornstreichs: sofort
Gedächtnis: Kopf   **geschwunden:** verschwunden
besann sich: erinnerte sich   **allerlei:** vielerlei
geschwatzt: geredet   **entsetzlicher:** schrecklicher
jeher: schon immer   **Abscheu:** Abneigung
Satan: Teufel   **schwatzt:** redet
in der Tat: wirklich

unerträglich: zuwider

um tausend Himmels willen: Ausruf des Erstaunens
Hast: Eile

einbrechen: zukommen

vernahm: hörte

Registrator: buchführender Kanzleiangestellter
eben: gerade   **im Begriff:** dabei

abends über: den ganzen Abend
recht gern: sehr gern   **Verhängnis:** Unglück
walte: herrschte
Strom: Fluß   **begab es sich:** geschah
Feuerwerk: Leuchtraketen   **Prasselnd:** Hämmernd
zischend: aufbrausend
zersprangen: zerplatzten
sprühend: spritzend
Widerschein: Reflex
Funken: Feuerpartikel
erblickte: sah
Flut: Wasser   **Seltsames:** Merkwürdiges
aufs neue: erneut   **ergriff:** überkam
Verlangen: Begehren
Entzücken: Beglückung   **erschüttert:** bewegt

13

singt! In eurem Gesange erscheinen mir ja wieder die holden liebli-
chen dunkelblauen Augen - ach, seid ihr denn unter den Fluten!" -
So rief der Student Anselmus und machte dabei eine heftige Be-
wegung, als wollte er sich gleich aus der Gondel in die Flut stürzen.
„Ist der Herr des Teufels?" rief der Schiffer und erwischte ihn beim
Rockschoß. Die Mädchen, welche bei ihm gesessen, schrien im
Schreck auf und flüchteten auf die andere Seite der Gondel; der
Registrator sagte dem Konrektor Paulmann etwas ins Ohr, worauf
dieser mehreres antwortete, wovon der Student Anselmus aber nur
die Worte verstand: „Dergleichen Anfälle - noch nicht bemerkt?" -

Gleich nachher stand auch der Konrektor Paulmann auf und setzte sich mit einer gewissen ernsten gravitätischen Amtsmiene zu dem
Studenten Anselmus, seine Hand nehmend und sprechend: „Wie ist
Ihnen, Herr Anselmus?" Dem Studenten Anselmus vergingen beinahe die Sinne, denn in seinem Innern erhob sich ein toller Zwiespalt, den er vergebens beschwichtigen wollte. Er sah nun wohl deutlich, daß das, was er für Leuchten der goldenen Schlänglein gehalten, nur der Widerschein des Feuerwerks bei Antons Garten war;
aber ein nie gekanntes Gefühl, er wußte selbst nicht, ob Wonne, ob
Schmerz, zog krampfhaft seine Brust zusammen, und wenn der
Schiffer nun so mit dem Ruder ins Wasser hineinschlug, daß es, wie
im Zorn sich emporkräuselnd, plätscherte und rauschte, da vernahm
er in dem Getöse ein heimliches Lispeln und Flüstern: „Anselmus!
Anselmus! Siehst du nicht, wie wir stets vor dir herziehen? -
Schwesterlein blickt dir wohl wieder an - glaube - glaube - glaube
an uns." - Und es war ihm, als säh' er im Widerschein drei grün-
glühende Streife. Aber als er dann recht wehmütig ins Wasser hineinblickte, ob nun nicht die holdseligen Augen aus der Flut heraus-
schauen würden, da gewahrte er wohl, daß der Schein nur von den
erleuchteten Fenstern der nahen Häuser herrührte. Schweigend saß er
da und im Innern mit sich kämpfend; aber der Konrektor Paulmann
sprach noch heftiger: „Wie ist Ihnen, Herr Anselmus?" Ganz kleinmütig antwortete der Student: „Ach, lieber Herr Konrektor, wenn
Sie wüßten, was ich eben unter einem Holunderbaum bei der Linkischen Gartenmauer ganz wachend mit offenen Augen für ganz besondere Dinge geträumt habe, ach, Sie würden es mir gar nicht verdenken, daß ich so gleichsam abwesend -"

„Ei, ei, Herr Anselmus," fiel der Konrektor Paulmann ein, „ich
habe Sie immer für einen soliden jungen Mann gehalten, aber träumen - mit hellen offenen Augen träumen und dann mit einemmal ins
Wasser springen wollen, das - verzeihen Sie mir, können nur Wahnwitzige oder Narren!" - Der Student Anselmus wurde ganz betrübt
über seines Freundes harte Rede, da sagte Paulmanns älteste Tochter
Veronika, ein recht hübsches blühendes Mädchen von sechzehn
Jahren: „ Aber, lieber Vater, es muß dem Herrn Anselmus doch was
Besonderes begegnet sein, und er glaubt vielleicht nur, daß er ge-
wacht habe, unerachtet er unter dem Holunderbaum wirklich ge-
schlafen und ihm allerlei närrisches Zeug vorgekommen, was ihm

erscheinen mir: sehe ich
holden: bezaubernden   **Fluten:** Wasser
heftige: wilde
stürzen: springen
Schiffer: Seemann   **erwischte:** packte
Rockschoß: Jacke

Dergleichen: Diese Art   **Anfälle:** Attacken

gewissen: ziemlich   **gravitätischen:** erhabenen

vergingen beinahe die Sinne: wurde fast ohnmächtig
toller: wilder   **Zwiespalt:** Konflikt
vergebens: erfolglos   **beschwichtigen:** abschwächen
gehalten: angesehen
Widerschein: Reflex
Gefühl: Emotion   **Wonne:** Freude
krampfhaft: fest
Ruder: Stange, um das Boot weiterzubewegen
Zorn: Wut   **emporkräuselnd:** aufbrausend
Getöse: Lärm   **heimliches:** leises
stets: immer

säh': sähe, Konj.II *sehen*   **Widerschein:** Reflex
Streife: Striche   **recht wehmütig:** sehr traurig
holdseligen: bezaubernden   **Flut:** Wasser
gewahrte: bemerkte   **Schein:** Licht
herrührte: herkam

heftiger: lauter   **kleinmütig:** verängstigt

verdenken: übelnehmen
gleichsam: gewissermaßen

gehalten: angesehen

Wahnwitzige: Wagemütige
Narren: Dummköpfe   **betrübt:** traurig

begegnet: geschehen
unerachtet: abgesehen davon
närrisches Zeug: dumme Sachen

noch in Gedanken liegt." "Und, teuerste Mademoiselle, werter Konrektor", nahm der Registrator Heerbrand das Wort, "sollte man denn nicht auch wachend in einen gewissen träumerischen Zustand versinken können? So ist mir in der Tat selbst einmal nachmittags beim Kaffee in einem solchen Hinbrüten, dem eigentlichen Moment körperlicher und geistiger Verdauung, die Lage eines verlornen Aktenstücks wie durch Inspiration eingefallen, und nur noch gestern tanzte auf gleiche Weise eine herrliche große lateinische Fraktur-schrift vor meinen hellen offenen Augen umher." - " Ach, geehrte-ster Registrator", erwiderte der Konrektor Paulmann, "Sie haben immer so einen Hang zu den Poeticis gehabt, und da verfällt man leicht in das Phantastische und Romanhafte." Aber dem Studenten Anselmus tat es wohl, daß man sich seiner in der höchst betrübten Lage, für betrunken oder wahnwitzig gehalten zu werden, annahm, und unerachtet es ziemlich finster geworden, glaubte er doch zum ersten Male zu bemerken, wie Veronika recht schöne dunkelblaue Augen habe, ohne daß ihm jedoch jenes wunderbare Augenpaar, das er in dem Holunderbaum geschaut, in Gedanken kam. Überhaupt war dem Studenten Anselmus mit einemmal nun wieder das Aben-teuer unter dem Holunderbaum ganz verschwunden, er fühlte sich so leicht und froh, ja er trieb es wie im lustigen Übermute so weit, daß er bei dem Heraussteigen aus der Gondel seiner Schutzrednerin Veronika die hilfreiche Hand bot und ohne weiteres, als sie ihren Arm in den seinigen hing, sie mit so vieler Geschicklichkeit und so vielem Glück zu Hause führte, daß er nur ein einziges Mal ausglitt und, da es gerade der einzige schmutzige Fleck auf dem ganzen Wege war, Veronikas weißes Kleid nur ganz wenig bespritzte. Dem Konrektor Paulmann entging die glückliche Änderung des Studenten Anselmus nicht, er gewann ihn wieder lieb und bat ihn der harten Worte wegen, die er vorhin gegen ihn fallen lassen, um Verzeihung. "Ja!" fügte er hinzu, "man hat wohl Beispiele, daß oft gewisse Phantasmata dem Menschen vorkommen und ihn ordentlich ängsti-gen und quälen können, das ist aber körperliche Krankheit, und es helfen Blutigel, die man, *salva venia*, dem Hintern appliziert, wie ein berühmter, bereits verstorbener Gelehrter bewiesen." Der Student Anselmus wußte nun in der Tat selbst nicht, ob er betrunken, wahn-witzig oder krank gewesen, auf jeden Fall schienen ihm aber die Blutigel ganz unnütz, da die etwaigen Phantasmata gänzlich ver-schwunden und er sich immer heiterer fühlte, je mehr es ihm gelang, sich in allerlei Artigkeiten um die hübsche Veronika zu bemühen. Es wurde wie gewöhnlich nach der frugalen Mahlzeit Musik gemacht; der Student Anselmus mußte sich ans Klavier setzen, und Veronika ließ ihre helle, klare Stimme hören. - "Werte Mademoiselle", sagte der Registrator Heerbrand. "Sie haben eine Stimme wie eine Kristall-glocke!" "Das nun wohl nicht!" fuhr es dem Studenten Anselmus heraus, er wußte selbst nicht wie, und alle sahen ihn verwundert und betroffen an. "Kristallglocken tönen in Holunderbäumen wunderbar! wunderbar!" fuhr der Student Anselmus halbleise murmelnd fort.

träumerischen Zustand: Trance
versinken: verfallen   **in der Tat:** wirklich
Hinbrüten: Halbschlaf
Lage: Stelle
Aktenstücks: Dokuments
Weise: Art

erwiderte: antwortete
Hang: Neigung   **verfällt:** entartet

betrübten: traurigen
Lage: Situation   **gehalten:** angesehen
finster: dunkel

jedoch: aber
geschaut: gesehen
Abenteuer: Erlebnis

Übermute: Ausgelassenheit
Schutzrednerin: Fürsprecherin
bot: reichte
Geschicklichkeit: Gewandtheit
zu Hause: nach Hause   **ausglitt:** ausrutschte
schmutzige: dreckige   **Fleck:** Stelle
bespritzte: beschmutzte
entging ... nicht: bemerkte wohl
gewann ... lieb: wurde wieder sympathisch
vorhin: vor Kurzem

vorkommen: geschehen
quälen: plagen   **körperliche:** organische
salva venia: (lat.) wenn ich den Ausdruck bedarfen kann
bewiesen: gezeigt

unnütz: nutzlos   **etwaigen:** wahrscheinlichen

Artigkeiten: Höflichkeiten
gewöhnlich: üblich   **frugalen:** einfachen

verwundert: erstaunt
betroffen: fassungslos   **tönen:** klingen
murmelnd: flüsternd

Da legte Veronika ihre Hand auf seine Schulter und sagte: „Was sprechen Sie denn da, Herr Anselmus?" Gleich wurde der Student wieder ganz munter und fing an zu spielen. Der Konrektor Paulmann sah ihn finster an, aber der Registrator Heerbrand legte ein Notenblatt auf den Pult und sang zum Entzücken eine Bravour-Arie vom Kapellmeister Graun. Der Student Anselmus akkompagnierte noch manches, und ein fugiertes Duett, das er mit Veronika vortrug und das der Konrektor Paulmann selbst komponiert, setzte alles in die fröhlichste Stimmung. Es war ziemlich spät geworden, und der Registrator Heerbrand griff nach Hut und Stock, da trat der Konrektor Paulmann geheimnisvoll zu ihm und sprach: „Ei, wollen Sie nicht, geehrter Registrator, dem guten Herrn Anselmus selbst - nun! wovon wir vorhin sprachen -" „Mit tausend Freuden," erwiderte der Registrator Heerbrand und begann, nachdem sie sich im Kreise gesetzt, ohne weiteres in folgender Art: „Es ist hier am Ort ein alter wunderlicher, merkwürdiger Mann, man sagt, er treibe allerlei geheime Wissenschaften, da es nun aber dergleichen eigentlich nicht gibt, so halte ich ihn eher für einen forschenden Antiquar, auch wohl nebenher für einen experimentierenden Chemiker. Ich meine niemand andern als unsern geheimen Archivarius Lindhorst. Er lebt, wie Sie wissen, einsam in seinem entlegenen alten Hause, und wenn ihn der Dienst nicht beschäftigt, findet man ihn in seiner Bibliothek oder in seinem chemischen Laboratorio, wo er aber niemanden hineinläßt. Er besitzt außer vielen seltenen Büchern eine Anzahl zum Teil arabischer, koptischer und gar in sonderbaren Zeichen, die keiner bekannten Sprache angehören, geschriebener Manuskripte. Diese will er auf geschickte Weise kopieren lassen, und es bedarf dazu eines Mannes, der sich darauf versteht, mit der Feder zu zeichnen, um mit der höchsten Genauigkeit und Treue alle Zeichen auf Pergament, und zwar mit Tusche, übertragen zu können. Er läßt in einem besondern Zimmer seines Hauses unter seiner Aufsicht arbeiten, bezahlt außer dem freien Tisch während der Arbeit jeden Tag einen Speziestaler und verspricht noch ein ansehnliches Geschenk, wenn die Abschriften glücklich beendet. Die Zeit der Arbeit ist täglich von zwölf bis sechs Uhr. Von drei bis vier Uhr wird geruht und gegessen. Da er schon mit ein paar jungen Leuten vergeblich den Versuch gemacht hat, jene Manuskripte kopieren zu lassen, so hat er sich endlich an mich gewendet, ihm einen geschickten Zeichner zuzuweisen; da habe ich an Sie gedacht, lieber Herr Anselmus, denn ich weiß, daß Sie sowohl sehr sauber schreiben als auch mit der Feder zierlich und rein zeichnen. Wollen Sie daher in dieser schlechten Zeit und bis zu Ihrer etwaigen Anstellung den Speziestaler täglich verdienen und das Geschenk obendrein, so bemühen Sie sich morgen Punkt zwölf Uhr zu dem Herrn Archivarius, dessen Wohnung Ihnen bekannt sein wird. - Aber hüten Sie sich vor jedem Tinteflecken; fällt er auf die Abschrift, so müssen Sie ohne Gnade von vorn anfangen, fällt er auf das Original, so ist der Herr Archivarius imstande, Sie zum Fenster hinauszuwerfen, denn es ist ein zorniger Mann." - Der Student

finster: grimmig
Entzücken: Begeisterung
akkompagnierte: begleitete
fugiertes: zur Fuge gestaltetes   **vortrug:** präsentierte

Stimmung: Laune
Stock: Spazierstock
geheimnisvoll: merkwürdig

vorhin: vor Kurzem   **erwiderte:** antwortete
im Kreise: in der Runde
ohne weiteres: ohne zu zögern
wunderlicher: rätselhafter   **merkwürdiger:** eigenartiger
dergleichen: solche
eher: mehr   **forschenden:** untersuchenden
nebenher: außerdem
Archivarius: Leiter eines Archivs
einsam: abgesondert   **entlegenen:** isolierten

hineinläßt: Zutritt gewährt
seltenen: raren   **Anzahl:** Menge
sonderbaren: merkwürdigen

geschickte Weise: gewandte Art
darauf versteht: fähig ist
Genauigkeit: Präzision   **Pergament:** Papierart
übertragen: kopieren
Aufsicht: Kontrolle
Speziestaler: alte Münze
ansehnliches: großes
Abschriften: Kopien   **glücklich:** zufriedenstellend

vergeblich: erfolglos   **Versuch:** Probe
endlich: schließlich
geschickten: gewandten   **zuzuweisen:** zu beschaffen

zierlich: fein
rein: sauber
etwaigen: eventuellen
obendrein: noch dazu   **bemühen:** begeben

hüten Sie sich: geben Sie Acht
Abschrift: Kopie   **ohne Gnade:** ohne Erbarmen
imstande: fähig
zorniger: furioser

Anselmus war voll inniger Freude über den Antrag des Registrators Heerbrand; denn nicht allein, daß er sauber schrieb und mit der Feder zeichnete, so war es auch seine wahre Passion, mit mühsamem kalligraphischen Aufwande abzuschreiben; er dankte daher seinen Gönnern in den verbindlichsten Ausdrücken und versprach die morgende Mittagsstunde nicht zu versäumen. In der Nacht sah der Student Anselmus nichts als blanke Speziestaler und hörte ihren lieblichen Klang. - Wer mag das dem Armen verargen, der um so manche Hoffnung durch ein launisches Mißgeschick betrogen, jeden Heller zu Rate halten und manchem Genuß, den jugendliche Lebenslust forderte, entsagen mußte. Schon am frühen Morgen suchte er seine Bleistifte, seine Rabenfedern, seine chinesische Tusche zusammen; denn besser, dachte er, kann der Archivarius keine Materialien erfinden. Vor allen Dingen musterte und ordnete er seine kalligraphischen Meisterstücke und seine Zeichnungen, um sie dem Archivarius zum Beweis seiner Fähigkeit, das Verlangte zu erfüllen, aufzuweisen. Alles ging glücklich vonstatten, ein besonderer Glücksstern schien über ihn zu walten, die Halsbinde saß gleich beim ersten Umknüpfen, wie sie sollte, keine Naht platzte, keine Masche zerriß in den schwarzseidenen Strümpfen, der Hut fiel nicht noch einmal in den Staub, als er schon sauber abgebürstet. - Kurz! - Punkt halb zwölf Uhr stand der Student Anselmus in seinem hechtgrauen Frack und seinen schwarzatlasnen Unterkleidern, eine Rolle Schönschriften und Federzeichnungen in der Tasche, schon auf der Schloßgasse in Conradis Laden und trank - eins - zwei Gläschen des besten Magenlikörs, denn hier, dachte er, indem er auf die an noch leere Tasche schlug, werden bald Speziestaler erklingen. Unerachtet des weiten Weges bis in die einsame Straße, in der sich das uralte Haus des Archivarius Lindhorst befand, war der Student Anselmus doch vor zwölf Uhr an der Haustür. Da stand er nun und schaute den großen schönen bronzenen Türklopfer an; aber als er nun auf den letzten, die Luft mit mächtigem Klange durchbebenden Schlag der Turmuhr an der Kreuzkirche den Türklopfer ergreifen wollte, da verzog sich das metallene Gesicht im ekelhaften Spiel blauglühender Lichtblicke zum grinsenden Lächeln. Ach! es war ja das Äpfelweib vom Schwarzen Tor! Die spitzigen Zähne klapperten in dem schlaffen Maule zusammen, und in dem Klappern schnarrte es: „Du Narre - Narre - Narre - warte, warte! warum warst hinausgerannt! Narre!" - Entsetzt taumelte der Student Anselmus zurück, er wollte den Türpfosten ergreifen, aber seine Hand erfaßte die Klingelschnur und zog sie an, da läutete es stärker und stärker in gellenden Mißtönen, und durch das ganze öde Haus rief und spottete der Widerhall: „Bald dein Fall ins Kristall!" - Den Studenten Anselmus ergriff ein Grausen, das im krampfhaften Fieberfrost durch alle Glieder bebte. Die Klingelschnur senkte sich hinab und wurde zur weißen durchsichtigen Riesenschlange, die umwand und drückte ihn, fester und fester ihr Gewinde schnürend, zusammen, daß die mürben zermalmten Glieder knackend zerbröckelten und sein Blut aus den Adern spritzte, ein-

Antrag: Vorschlag

wahre: echte   **Passion:** Leidenschaft
mühsamem: anstrengendem
Gönnern: Wohltätern
versäumen: verpassen

verargen: verübeln
launisches: unvorhergesehenes
Heller: alte Silbermünze   **zu Rate halten:** sparen
forderte: begehrte   **entsagen:** verzichten
Tusche: Wasserfarbe

musterte: betrachtete er kritisch

Fähigkeit: Kapazität   **Verlangte:** Anforderung
aufzuweisen: zeigen   **ging … vonstatten:** lief … ab
über ihn zu walten: ihn zu beschützen
Umknüpfen: Umbinden   **Masche:** Loch

abgebürstet: mit der Bürste abgestaubt

schwarzatlasnen: aus schwarzem Atlasstoff

Magenlikörs: Verdauungsschnaps

Unerachtet: Trotz
einsame: abgelegene   **uralte:** sehr alte

schaute … an: betrachtete
Türklopfer: Türgriff
die Luft durchbebenden Schlag: kräftigem Schlag
ergreifen: fassen
ekelhaften: abscheulichen   **Lichtblicke:** Lichtspiele
grinsenden: höhnischen
schlaffen: weichen, alten
Maule: großen Mund   **Narre:** Dummkopf

Entsetzt: Erschrocken   **taumelte:** schwankte
Türpfosten: Türrahmen   **ergreifen:** fassen
zog … an: zog daran   **läutete:** klingelte
öde: einsame   **spottete:** höhnte
ergriff: überkam   **Grausen:** Angstgefühl
krampfhaften: heftigen   **Fieberfrost:** Schüttelfrost
senkte sich: kam herab   **wurde zur:** verwandelte sich in
Riesenschlange: sehr große Schlange
Gewinde: Drehungen   **schnürend:** wie ein festes Seil
Glieder: Körperteile   **knackend:** geräuschvoll

dringend in den durchsichtigen Leib der Schlange und ihn rot färbend. - „Töte mich, töte mich!" wollte er schreien in der entsetzlichen Angst, aber sein Geschrei war nur ein dumpfes Röcheln. - Die
Schlange erhob ihr Haupt und legte die lange spitzige Zunge von
glühendem Erz auf die Brust des Anselmus, da zerriß ein schneidender Schmerz jählings die Pulsader des Lebens, und es vergingen
ihm die Gedanken. - Als er wieder zu sich selbst kam, lag er auf seinem dürftigen Bettlein, vor ihm stand aber der Konrektor Paulmann
und sprach: „Was treiben Sie denn um des Himmels willen für tolles Zeug, lieber Herr Anselmus!"

Dritte Vigilie

„Der Geist schaute auf das Wasser, da bewegte es sich und brauste in schäumenden Wogen und stürzte sich donnernd in die Abgründe, die ihren schwarzen Rachen aufsperrten, es gierig zu verschlingen. Wie triumphierende Sieger hoben die Granitfelsen ihre
zackicht gekrönten Häupter empor, das Tal schützend, bis es die
Sonne in ihren mütterlichen Schoß nahm und, es umfassend, mit
ihren Strahlen wie mit glühenden Armen pflegte und wärmte. Da erwachten tausend Keime, die unter dem öden Sande geschlummert,
aus dem tiefen Schlafe und streckten ihre grünen Blättlein und Halme
zum Angesicht der Mutter hinauf, und wie lächelnde Kinder in grüner Wiege ruhten in den Blüten und Knospen Blümlein, bis auch
sie, von der Mutter geweckt, erwachten und sich schmückten mit
den Lichtern, die die Mutter ihnen zur Freude auf tausendfache Weise
bunt gefärbt. Aber in der Mitte des Tals war ein schwarzer Hügel,
der hob sich auf und nieder wie die Brust des Menschen, wenn
glühende Sehnsucht sie schwellt. - Aus den Abgründen rollten die
Dünste empor, und sich zusammenballend in gewaltige Massen,
strebten sie das Angesicht der Mutter feindlich zu verhüllen; sie rief
aber den Sturm herbei, der fuhr zerstäubend unter sie, und als der
reine Strahl wieder den schwarzen Hügel berührte, da brach im
Übermaß des Entzückens eine herrliche Feuerlilie hervor, die schönen Blätter wie holdselige Lippen öffnend, der Mutter süße Küsse
zu empfangen. - Nun schritt ein glänzendes Leuchten in das Tal; es
war der Jüngling Phosphorus, den sah die Feuerlilie und flehte, von
heißer sehnsüchtiger Liebe befangen: „Sei doch mein ewiglich, du
schöner Jüngling! denn ich liebe dich und muß vergehen, wenn du
mich verlässest." Da sprach der Jünglich Phosphorus: „Ich will dein
sein, du schöne Blume, aber dann wirst du wie ein entartet Kind
Vater und Mutter verlassen, du wirst deine Gespielen nicht mehr
kennen, du wirst größer und mächtiger sein wollen als alles, was
sich jetzt als deinesgleichen mit dir freut. Die Sehnsucht, die jetzt
dein ganzes Wesen wohltätig erwärmt, wird, in hundert Strahlen zerspaltet, dich quälen und martern, denn der Sinn wird die Sinne gebären, und die höchste Wonne, die der Funke entzündet, den ich in
dich hineinwerfe, ist der hoffnungslose Schmerz, in dem du unter-

durchsichtigen: transparenten
entsetzlichen: furchtbaren
dumpfes Röcheln: kraftloses Hauchen
Haupt: Kopf
glühendem: heißem   **Erz:** Mineral
jähling: plötzlich
zu sich selbst kam: erwachte
dürftigen: primitiven

tolles Zeug: verrückte Dinge

schaute: blickte
Wogen: Wellen   **Abgründe:** Tiefe
Rachen: Schlund   **aufsperren:** aufreißen

Häupter: Gipfel
umfassend: umarmend
glühenden: heißen   **pflegte:** umsorgte
Keime: Triebe   **öden:** verlassenen

Angesicht: Gesicht
Wiege: Schaukel   **Blümlein:** kleine Blumen
schmückten: schön machten
Weise: Art
bunt: vielfarbig   **Hügel:** kleiner Berg
hob sich: bewegte sich
schwellt: aufdunstet
empor: hoch   **gewaltige:** enorme
strebten: versuchten
Sturm: starken Wind
berührte: erreichte
herrliche: wunderschöne   **Feuerlilie:** rote Blume
holdselige: liebliche
empfangen: bekommen   **schritt:** kam
Jüngling: junge Mann   **flehte:** bat
sehnsüchtiger: begehrender
vergehen: sterben
Jünglich: Jüngling
entartet: degeneriertes
Gespielen: Freunde

Sehnsucht: Nostalgie
Wesen: Eigenart   **wohltätig:** angenehm
quälen: plagen   **martern:** foltern
Wonne: Freude   **Funke:** Feuer
untergehst: stirbst

gehst, um aufs neue fremdartig emporzukeimen. - Dieser Funke ist der Gedanke!" - „Ach!" klagte die Lilie, „kann ich denn nicht in der Glut, wie sie jetzt in mir brennt, dein sein? Kann ich dich denn mehr lieben als jetzt, und kann ich dich denn schauen wie jetzt, wenn du mich vernichtest?" Da küßte sie der Jüngling Phosphorus, und wie vom Lichte durchstrahlt, loderte sie auf in Flammen, aus denen ein fremdes Wesen hervorbrach, das, schnell dem Tale entfliehend, im unendlichen Raume herumschwärmte, sich nicht kümmernd um die Gespielen der Jugend und um den geliebten Jüngling. Der klagte um die verlorne Geliebte, denn auch ihn brachte ja nur die unendliche Liebe zu der schönen Lilie in das einsame Tal, und die Granitfelsen neigten ihre Häupter teilnehmend vor dem Jammer des Jünglings. Aber einer öffnete seinen Schoß, und es kam ein schwarzer geflü- gelter Drache rauschend herausgeflattert und sprach: „ Meine Brüder, die Metalle, schlafen da drinnen, aber ich bin stets munter und wach und will dir helfen." Sich auf- und niederschwingend erhaschte end- lich der Drache das Wesen, das der Lilie entsprossen, trug es auf den Hügel und umschloß es mit seinem Fittich; da war es wieder die Lilie, aber der bleibende Gedanke zerriß ihr Innerstes, und die Liebe zu dem Jüngling Phosphorus war ein schneidender Jammer, vor dem, von giftigen Dünsten angehaucht, die Blümlein, die sonst sich ihres Blicks gefreut, verwelkten und starben. Der Jüngling Phosphorus legte eine glänzende Rüstung an, die in tausendfarbigen Strahlen spielte, und kämpfte mit dem Drachen, der mit seinem schwarzen Fittich an den Panzer schlug, daß er hell erklang; und von dem mächtigen Klange lebten die Blümlein wieder auf und umflatterten wie bunte Vögel den Drachen, dessen Kräfte schwanden und der besiegt sich in der Tiefe der Erde verbarg. Die Lilie war befreit, der Jüngling Phosphorus umschlang sie voll glühenden Verlangens himmlischer Liebe, und im hochjubelnden Hymnus huldigten ihr die Blumen, die Vögel, ja selbst die hohen Granitfelsen als Königin des Tals." - „Erlauben Sie, das ist orientalischer Schwulst, werter Herr Archivarius!" sagte der Registrator Heerbrand, „und wir baten denn doch, Sie sollten, wie Sie sonst wohl zu tun pflegen, uns etwas aus Ihrem höchst merkwürdigen Leben, etwa von Ihren Reiseaben- teuern, und zwar etwas Wahrhaftiges erzählen." „Nun, was denn," erwiderte der Archivarius Lindhorst, „das, was ich soeben erzählt, ist das Wahrhaftigste, was ich euch auftischen kann, ihr Leute, und gehört in gewisser Art auch zu meinem Leben. Denn ich stamme eben aus jenem Tale her, und die Feuerlilie, die zuletzt als Königin herrschte, ist meine Ur-ur-ur-ur-Großmutter, weshalb ich denn auch eigentlich ein Prinz bin." -

Alle brachen in ein schallendes Gelächter aus. - „Ja, lacht nur recht herzlich," fuhr der Archivarius Lindhorst fort, „euch mag wohl das, was ich freilich nur in ganz dürftigen Zügen erzählt habe unsin- nig und toll vorkommen, aber es ist dessen unerachtet nichts weni- ger als ungereimt oder auch nur allegorisch gemeint, sondern buch- stäblich wahr. Hätte ich aber gewußt, daß ich euch die herrliche

fremdartig: in neuer Form

Glut: Feuer
schauen: sehen
vernichtest: zerstörst
vom Lichte durchstrahlt: vom Blitz getroffen
fremdes Wesen: neue Kreatur
herumschwärmte: schwebte
klagte: weinte
verlorne: verlorene   **unendliche:** ewige
einsame: abgelegene
neigten: beugten   **teilnehmend:** mitleidig
Schoß: Inneres
Drache: Monster   **rauschend:** geräuschvoll
stets: immer   **munter:** frisch
Sich auf- und niederschwingend: Auf- und hinunterfliegend
Wesen: Kreatur   **entsprossen:** geboren
Hügel: Anhöhe   **Fittich:** Flügel
zerriß: zerstörte   **Innerstes:** Seele
schneidender: furchtbarer   **Jammer:** Schmerz
giftigen: toxischen   **Dünsten:** Dämpfen
verwelkten: vertrockneten
Rüstung: Schutzpanzer

Panzer: Rüstung   **hell:** in hellen Tönen
mächtigen: lauten   **Klange:** Ton
bunte: farbige   **schwanden:** erschwächten
besiegt: geschlagen   **verbarg:** versteckte
umschlang: umarmte   **Verlangens:** Begehrens
himmlischer: göttlicher   **Hymnus:** Tönen

Schwulst: Pathos   **werter:** geehrter

sonst: gewöhnlich
höchst: sehr   **merkwürdigen:** eigenartigen
Wahrhaftiges: Wirkliches
erwiderte: antwortete   **soeben:** gerade
auftischen: servieren
stamme: komme

herrschte: regierte

schallendes: lauttönendes

freilich: allerdings   **dürftigen:** wenigen
toll: verrückt   **vorkommen:** erscheinen
ungereimt: unlogisch   **allegorisch:** bildlich

Liebesgeschichte, der auch ich meine Entstehung zu verdanken habe, so wenig gefallen würde, so hätte ich lieber manches Neue mitgeteilt, das mir mein Bruder beim gestrigen Besuch mitbrachte." „Ei, wie das? Haben Sie denn einen Bruder, Herr Archivarius? - wo ist er denn - wo lebt er denn? Auch in königlichen Diensten, oder vielleicht ein privatisierender Gelehrter?" - so fragte man von allen Seiten. - „Nein!" erwiderte der Archivarius, ganz kalt und gelassen eine Prise nehmend, „er hat sich auf die schlechte Seite gelegt und ist unter die Drachen gegangen." - „Wie beliebten Sie doch zu sagen, wertester Archivarius," nahm der Registrator Heerbrand das Wort, „unter die Drachen?" „Unter die Drachen?" hallte es von allen Seiten wie ein Echo nach. - „Ja, unter die Drachen," fuhr der Archivarius Lindhorst fort; „eigentlich war es Desperation. Sie wissen, meine Herren, daß mein Vater vor ganz kurzer Zeit starb, es sind nur höchstens dreihundertundfünfundachtzig Jahre her, weshalb ich auch noch Trauer trage, der hatte mir, dem Liebling, einen prächtigen Onyx vermacht, den durchaus mein Bruder haben wollte. Wir zankten uns bei der Leiche des Vaters darüber auf eine ungebührliche Weise, bis der Selige, der die Geduld verlor, aufsprang und den bösen Bruder die Treppe hinunterwarf. Das wurmte meinen Bruder, und er ging stehenden Fußes unter die Drachen. Jetzt hält er sich in einem Zypressenwalde dicht bei Tunis auf, dort hat er einen berühmten mystischen Karfunkel zu bewachen, dem ein Teufelskerl von Nekromant, der ein Sommerlogis in Lappland bezogen, nachstellt, weshalb er denn nur auf ein Viertelstündchen, wenn gerade der Nekromant im Garten seine Salamanderbeete besorgt, abkommen kann, um mir in der Geschwindigkeit zu erzählen, was es gutes Neues an den Quellen des Nils gibt." - Zum zweiten Male brachen die Anwesenden in ein schallendes Gelächter aus, aber dem Studenten Anselmus wurde ganz unheimlich zumute, und er konnte dem Archivarius Lindhorst kaum in die starren ernsten Augen sehen, ohne innerlich auf eine ihm selbst unbegreifliche Weise zu erbeben. Zumal hatte die rauhe, aber sonderbar metallartig tönende Stimme des Archivarius Lindhorst für ihn etwas geheimnisvoll Eindringendes, daß er Mark und Bein erzittern fühlte. Der eigentliche Zweck, weshalb ihn der Registrator Heerbrand mit in das Kaffeehaus genommen hatte, schien heute nicht erreichbar zu sein. Nach jenem Vorfall vor dem Hause des Archivarius Lindhorst war nämlich der Student Anselmus nicht dahin zu vermögen gewesen, den Besuch zum zweiten Male zu wagen; denn nach seiner innersten Überzeugung hatte nur der Zufall ihn, wo nicht vom Tode, doch von der Gefahr, wahnwitzig zu werden, befreit. Der Konrektor Paulmann war eben durch die Straße gegangen, als er ganz von Sinnen vor der Haustür lag und ein altes Weib, die ihren Kuchen- und Äpfelkorb beiseite gesetzt, um ihn beschäftigt war. Der Konrektor Paulmann hatte sogleich eine Portechaise herbeigerufen und ihn so nach Hause transportiert. „Man mag von mir denken, was man will," sagte der Student Anselmus, „man mag mich für einen Narren halten oder nicht - genug! - an dem Tür-

Entstehung: Geburt

mitgeteilt: erzählt

erwiderte: antwortete   **gelassen:** ruhig
Prise: Schnupftabak
Drachen: Monster
wertester: sehr geehrter
hallte es: ertönte es

Desperation: Verzweiflung

prächtigen: wunderschönen
Onyx: schwarz-weißen Stein aus Quarz
bei der Leiche: beim Tode   **ungebührliche:** unfeine
Selige: Tote
wurmte: ärgerte
stehenden Fußes: ohne zu zögern
dicht: in der Nähe   **berühmten:** bekannten
mystischen: magischen   **bewachen:** beaufsichtigen
Nekromant: Geisterbeschwörer

besorgt: pflegt   **abkommen:** sich frei machen
Geschwindigkeit: Eile

unheimlich: ängstlich   **wurde ... zumute:** fühlte sich
starren: unbeweglichen
unbegreifliche: unerklärliche
rauhe: heisere   **sonderbar:** merkwürdig
geheimnisvoll: unerforschbar
Mark und Bein: den ganzen Körper

Vorfall: Ereignis

dahin zu vermögen: dahin zu überreden
wagen: riskieren   **Überzeugung:** Meinung
Zufall: Glücksfall   **wahnwitzig:** verrückt
befreit: erlöst   **eben:** gerade
von Sinnen: außer sich
Weib: Frau   **beiseite:** weg
beschäftigt: sich kümmerte   **Portechaise:** Tragstuhl

Narren: Dummkopf   **halten:** ansehen

klopfer grinste mir das vermaledeite Gesicht der Hexe vom Schwarzen Tor entgegen; was nachher geschah, davon will ich lieber gar nicht reden, aber wäre ich aus meiner Ohnmacht erwacht und hätte das verwünschte Äpfelweib vor mir gesehen (denn niemand anders war doch das alte um mich beschäftigte Weib), mich hätte augenblicklich der Schlag gerührt, oder ich wäre wahnsinnig geworden." Alles Zureden, alle vernünftige Vorstellungen des Konrektors Paulmann und des Registrators Heerbrand fruchteten gar nichts, und selbst die blauäugige Veronika vermochte nicht, ihn aus einem gewissen tiefsinnigen Zustande zu reißen, in den er versunken. Man hielt ihn nun in der Tat für seelenkrank und sann auf Mittel, ihn zu zerstreuen, worauf der Registrator Heerbrand meinte, daß nichts dazu dienlicher sein könne als die Beschäftigung bei dem Archivarius Lindhorst, nämlich das Nachmalen der Manuskripte. Es kam nur darauf an, den Studenten Anselmus auf gute Art dem Archivarius Lindhorst bekannt zu machen, und da der Registrator Heerbrand wußte, daß dieser beinahe jeden Abend ein gewisses bekanntes Kaffeehaus besuchte, so lud er den Studenten Anselmus ein, jeden Abend so lange auf seine, des Registrators, Kosten in jenem Kaffeehause ein Glas Bier zu trinken und eine Pfeife zu rauchen, bis er auf diese oder jene Art dem Archivarius bekannt und mit ihm über das Geschäft des Abschreibens der Manuskripte einig worden, welches der Student Anselmus dankbarlichst annahm. „Sie verdienen Gottes Lohn, werter Registrator, wenn Sie den jungen Menschen zur Raison bringen," sagte der Konrektor Paulmann. „Gottes Lohn!" wiederholte Veronika, indem sie die Augen fromm zum Himmel erhub und lebhaft daran dachte, wie der Student Anselmus schon jetzt ein recht artiger junger Mann sei, auch ohne Raison! - Als der Archivarius Lindhorst eben mit Hut und Stock zur Tür hinausschreiten wollte, da ergriff der Registrator Heerbrand den Studenten Anselmus rasch bei der Hand, und mit ihm dem Archivarius den Weg vertretend, sprach er: „Geschätztester Herr geheimer Archivarius, hier ist der Student Anselmus, der, ungemein geschickt im Schönschreiben und Zeichnen, Ihre seltenen Manuskripte kopieren will." „Das ist mir ganz ungemein lieb", erwiderte der Archivarius Lindhorst rasch, warf den dreieckigen soldatischen Hut auf den Kopf und eilte, den Registrator Heerbrand und den Studenten Anselmus beiseite schiebend, mit vielem Geräusch die Treppe hinab, so daß beide ganz verblüfft dastanden und die Stubentür anguckten, die er dicht vor ihnen zugeschlagen, daß die Angeln klirrten. „Das ist ja ein ganz wunderlicher alter Mann", sagte der Registrator Heerbrand. - „Wunderlicher alter Mann", stotterte der Student Anselmus nach, fühlend, wie ein Eisstrom ihm durch alle Adern fröstelte, daß er beinahe zur starren Bildsäule worden. Aber alle Gäste lachten und sagten: „Der Archivarius war heute einmal wieder in seiner besonderen Laune, morgen ist er gewiß sanftmütig und spricht kein Wort, sondern sieht in die Dampfwirbel seiner Pfeife oder liest Zeitungen, man muß sich daran gar nicht kehren." - „Das ist auch wahr," dachte der Student Anselmus,

grinste: lachte höhnisch   **vermaledeite:** verfluchte
nachher: danach
Ohnmacht: Bewußtlosigkeit
verwünschte: verfluchte
augenblicklich: im gleichen Moment
wahnsinnig: verrückt

fruchteten: nutzten
vermochte nicht: gelang es nicht
hielt: glaubte
seelenkrank: neurotisch   **sann:** suchte
dienlicher: besser
Beschäftigung: Tätigkeit
Nachmalen: Kopieren

Abschreibens: Kopierens

dankbarlichst: sehr zu Dank verbunden
Raison: Vernunft

fromm: anbetend   **erhub:** erhob
artiger: braver

hinausschreiten: hinausgehen
rasch: schnell
vertretend: versperrend
Geschätztester: Hochwerter
ungemein: überaus   **geschickt:** begabt
seltenen: raren   **ungemein:** sehr
erwiderte: antwortete   **rasch:** schnell

beiseite: zur Seite   **schiebend:** drängend
verblüfft: erstaunt
Stubentür: Zimmertür   **anguckten:** anschauten
Angeln: Türscharniere   **klirrten:** klapperten

stotterte: stammelte   **Eisstrom:** kalter Blutstrom
fröstelte: schauderte   **starren:** steinernden
worden: geworden wäre
Laune: Stimmung
sanftmütig: friedlich   **Dampfwirbel:** Rauchwolken

kehren: stören

„wer wird sich an so etwas kehren! Hat der Archivarius nicht gesagt, es sei ihm ganz ungemein lieb, daß ich seine Manuskripte kopieren wolle? - und warum vertrat ihm auch der Registrator Heerbrand den Weg, als er gerade nach Hause gehen wollte? - Nein, nein, es ist ein lieber Mann im Grunde genommen, der Herr geheime Archivarius Lindhorst, und liberal erstaunlich - nur kurios in absonderlichen Redensarten - allein was schadet das mir? - Morgen gehe ich hin Punkt zwölf Uhr, und setzten sich hundert bronzierte Äpfelweiber dagegen."

Vierte Vigilie

Also, wie gesagt, der Student Anselmus geriet seit jenem Abende, als er den Archivarius Lindhorst gesehen, in ein träumerisches Hinbrüten, das ihn für jede äußere Berührung des gewöhnlichen Lebens unempfindlich machte. Er fühlte, wie ein unbekanntes Etwas in seinem Innersten sich regte und ihm jenen wonnevollen Schmerz verursachte, der eben die Sehnsucht ist, welche dem Menschen ein anderes höheres Sein verheißt. Am liebsten war es ihm, wenn er allein durch Wiesen und Wälder schweifen und, wie losgelöst von allem, was ihn an sein dürftiges Leben fesselte, nur im Anschauen der mannigfachen Bilder, die aus seinem Innern stiegen, sich gleichsam selbst wiederfinden konnte. So kam es denn, daß er einst, von einem weiten Spaziergange heimkehrend, bei jenem merkwürdigen Holunderbusch vorüberschritt, unter dem er damals, wie von Feerei befangen, so viel Seltsames sah; er fühlte sich wunderbarlich von dem grünen heimatlichen Rasenfleck angezogen, aber kaum hatte er sich daselbst niedergelassen, als alles, was er damals wie in einer himmlischen Verzückung geschaut und das wie von einer fremden Gewalt aus seiner Seele verdrängt worden, ihm wieder in den lebhaften Farben vorschwebte, als sähe er es zum zweitenmal. Ja, noch deutlicher als damals war es ihm, daß die holdseligen blauen Augen der goldgrünen Schlange angehörten, die in der Mitte des Holunderbaums sich emporwand, und daß in den Windungen des schlanken Leibes all die herrlichen Kristall-Glockentöne hervorblitzen mußten, die ihn mit Wonne und Entzückung erfüllten. So wie damals am Himmelfahrtstage umfaßte er den Holunderbaum und rief in die Zweige und Blätter hinein: „Ach, nur noch einmal schlängle und schlinge und winde dich, du holdes grünes Schlänglein, in den Zweigen, daß ich dich schauen mag. - Nur noch einmal blicke mich an mit deinen holdseligen Augen! Ach, ich liebe dich ja und muß in Trauer und Schmerz vergehen, wenn du nicht wiederkehrst!" Alles blieb jedoch stumm und still, und wie damals rauschte der Holunderbaum nur ganz unvernehmlich mit seinen Zweigen und Blättern. Aber dem Studenten Anselmus war es, als wisse er nun, was sich in seinem Innern so rege und bewege, ja was seine Brust so im Schmerz einer unendlichen Sehnsucht zerreiße. „Ist es denn etwas anderes," sprach er; „als daß ich dich so ganz mit voller Seele bis zum Tode liebe, du

ungemein: sehr   **lieb:** angenehm
vertrat: versperrte

im Grunde genommen: eigentlich
kurios: seltsam
Redensarten: Ausdrücken
Punkt: genau um

geriet: wurde … versetzt
Hinbrüten: Grübeln
Berührung: Interesse
unempfindlich: gefühlslos
sich regte: bewegte   **wonnevollen:** lustvollen
Sehnsucht: Verlangen
Sein: Leben   **verheißt:** verspricht
schweifen: laufen   **losgelöst:** frei
dürftiges: armes   **fesselte:** band
mannigfachen: bunten   **stiegen:** hervorkamen
einst: einmal
heimkehrend: nach Hause zurückkommend
vorüberschritt: vorüberging   **Feerei:** Magie
Seltsames: Merkwürdiges   **wunderbarlich:** magisch
Rasenfleck: mit Gras bewachsenen Stelle
niedergelassen: hingesetzt   **himmlischen:** herrlichen
Verzückung: Ekstase   **geschaut:** gesehen
verdrängt: weggeschoben
vorschwebte: vor Augen stand
holdseligen: lieblichen

emporwand: nach oben schlängelte
hervorblitzen: hervorkommen
erfüllten: durchdrangen

winde: drehe   **holdes:** liebliches
schauen: ansehen   **mag:** kann
Trauer: Trübsal
Schmerz: Leid   **vergehen:** untergehen
stumm: schweigend   **still:** ruhig
unvernehmlich: unhörbar

rege: rühre
unendlichen: grenzenlosen   **Sehnsucht:** Verlangen

31

herrliches goldenes Schlänglein, ja daß ich ohne dich nicht zu leben vermag und vergehen muß in hoffnungsloser Not, wenn ich dich nicht wiedersehe, dich nicht habe wie die Geliebte meines Herzens - aber ich weiß es, du wirst mein, und dann alles, was herrliche Träume aus einer andern, höhern Welt mir verheißen, erfüllt sein." - Nun ging der Student Anselmus jeden Abend, wenn die Sonne nur noch in die Spitzen der Bäume ihr funkelndes Gold streute, unter den Holunderbaum und rief aus tiefer Brust mit ganz kläglichen Tönen in die Blätter und Zweige hinein nach der holden Geliebten, dem goldgrünen Schlänglein. Als er dieses wieder einmal nach gewöhnlicher Weise trieb, stand plötzlich ein langer hagerer Mann, in einem weiten lichtgrauen Überrock gehüllt, vor ihm und rief, indem er ihn mit seinen großen feurigen Augen anblitzte: „Hei, hei - was klagt und winselt denn da? - Hei, hei, das ist ja Herr Anselmus, der meine Manuskripte kopieren will." Der Student Anselmus erschrak nicht wenig vor der gewaltigen Stimme, denn es war ja dieselbe, die damals am Himmelfahrtstage gerufen: „Hei, hei! was ist das für ein Gemunkel und Geflüster usw.". Er konnte vor Staunen und Schreck kein Wort herausbringen. - „Nun, was ist Ihnen denn, Herr Anselmus," fuhr der Archivarius Lindhorst fort (niemand anders war der Mann im weiß-grauen Überrock), „was wollen Sie von dem Holunderbaum, und warum sind Sie denn nicht zu mir gekommen, um Ihre Arbeit anzufangen?" - Wirklich hatte der Student Anselmus es noch nicht über sich vermocht, den Archivarius Lindhorst wieder in seinem Hause aufzusuchen, unerachtet er sich jeden Abend ganz dazu ermutigt, in diesem Augenblick aber, als er seine schönen Träume, und noch dazu durch dieselbe feindselige Stimme, die schon damals ihm die Geliebte geraubt, zerrissen sah, erfaßte ihn eine Art Verzweiflung, und er brach ungestüm los: „Sie mögen mich nun für wahnsinnig halten oder nicht, Herr Archivarius! das gilt mir ganz gleich, aber hier auf diesem Baume erblickte ich am Himmelfahrtstage die goldgrüne Schlange - ach! die ewig Geliebte meiner Seele, und sie sprach zu mir in herrlichen Kristalltönen, aber Sie - Sie! Herr Archivarius, schrien und riefen erschrecklich übers Wasser her." - „Wie das, mein Gönner!" unterbrach ihn der Archivarius Lindhorst, indem er ganz sonderbar lächelnd eine Prise nahm. - Der Student Anselmus fühlte, wie seine Brust sich erleichterte, als es ihm nur gelungen, von jenem wunderbaren Abenteuer anzufangen, und es war ihm, als sei es schon ganz recht, daß er den Archivarius geradezu beschuldigt, er sei es gewesen, der so aus der Ferne gedonnert. Er nahm sich zusammen, sprechend: „Nun, so will ich denn alles erzählen, was mir an dem Himmelfahrtsabende Verhängnisvolles begegnet, und dann mögen Sie reden und tun und überhaupt denken über mich, was Sie wollen." - Er erzählte nun wirklich die ganze wunderliche Begebenheit von dem unglücklichen Tritt in den Äpfelkorb an bis zum Entfliehen der drei goldgrünen Schlangen übers Wasser, und wie ihn nun die Menschen für betrunken oder wahnsinnig gehalten: „Das alles," schloß der Student Anselmus, „Habe ich wirklich ge-

vermag: kann

vergehen: untergehen

verheißen: versprechen

erfüllt sein: geht in Erfüllung

kläglichen: jämmerlichen

trieb: machte

langer: großer

lichtgrauen: hellgrauen

Überrock: Mantel

feurigen: glühenden

anblitzte: ansah

winselt: heult

gewaltigen: heftigen

Gemunkel: Gesäusel

usw.: und so weiter

anzufangen: zu beginnen

über sich vermocht: keinen Mut

aufzusuchen: zu besuchen

unerachtet: obgleich

Augenblick: Moment

feindselige: haßerfüllte

geraubt: gestohlen

zerrissen: zerstört

Verzweiflung: Mutlosigkeit

ungestüm: wild

wahnsinnig: irre

halten: ansehen

gleich: egal

erblickte: sah

Kristalltönen: klaren Tönen

erschrecklich: entsetzlich

Gönner: Wohltäter

sonderbar: seltsam

Prise: Prise Schnupftabak

erleichterte: befreite

Abenteuer: Erlebnis

anzufangen: zu beginnen

recht: richtig

geradezu: direkt

Ferne: von weither

gedonnert: gegrollt hatte

nahm sich zusammen: machte sich Mut

Verhängnisvolles: Fatales

begegnet: geschehen ist

mögen: können

Begebenheit: Ereignis

unglücklichen: fatalen

Entfliehen: Flucht

betrunken: alkoholisiert

wahnsinnig: verrückt

sehen, und tief in der Brust ertönen noch im hellen Nachklang die lieblichen Stimmen, die zu mir sprachen; es war keineswegs ein Traum, und soll ich nicht vor Liebe und Sehnsucht sterben, so muß ich an die goldgrünen Schlangen glauben, unerachtet ich an Ihrem Lächeln, werter Herr Archivarius, wahrnehme, daß Sie eben diese Schlangen nur für ein Erzeugnis meiner erhitzten, überspannten Einbildungskraft halten." „Mitnichten," erwiderte der Archivarius in der größten Ruhe und Gelassenheit, „die goldgrünen Schlangen, die Sie, Herr Anselmus, in dem Holunderbusch gesehen, waren nun eben meine drei Töchter, und daß Sie sich in die blauen Augen der jüngsten, Serpentina genannt, gar sehr verliebt, das ist nun wohl klar. Ich wußte es übrigens schon am Himmelfahrtstage, und da mir zu Hause, am Arbeitstisch sitzend, des Gemunkels und Geklingels zu viel wurde, rief ich den losen Dirnen zu, daß es Zeit sei, nach Hause zu eilen, denn die Sonne ging schon unter, und sie hatten sich genug mit Singen und Strahlentrinken erlustigt." - Dem Studenten Anselmus war es, als würde ihm nur etwas mit deutlichen Worten gesagt, was er längst geahnet, und ob er gleich zu bemerken glaubte, daß sich Holunderbusch, Mauer und Rasenboden und alle Gegenstände ringsumher leise zu drehen anfingen, so raffte er sich doch zusammen und wollte etwas reden, aber der Archivarius ließ ihn nicht zu Worte kommen, sondern zog schnell den Handschuh von der linken Hand herunter, und indem er den in wunderbaren Funken und Flammen blitzenden Stein eines Ringes dem Studenten vor die Augen hielt, sprach er: „Schauen Sie her, werter Herr Anselmus, Sie können darüber, was Sie erblicken, eine Freude haben." Der Student Anselmus schaute hin, und, o Wunder! der Stein warf wie aus einem brennenden Fokus Strahlen ringsumher, und die Strahlen verspannen sich zum hellen leuchtenden Kristallspiegel, in dem in mancherlei Windungen, bald einander fliehend, bald sich ineinander schlingend, die drei goldgrünen Schlänglein tanzten und hüpften. Und wenn die schlanken, in tausend Funken blitzenden Leiber sich berührten, da erklangen herrliche Akkorde wie Kristallglocken, und die mittelste streckte wie voll Sehnsucht und Verlangen das Köpfchen zum Spiegel heraus, und die dunkelblauen Augen sprachen: „Kennst du mich denn - glaubst du denn an mich, Anselmus? - nur in dem Glauben ist die Liebe - kannst du denn lieben?" - „O Serpentina, Serpentina!" schrie der Student Anselmus in wahnsinnigem Entzücken, aber der Archivarius Lindhorst hauchte schnell auf den Spiegel, da fuhren in elektrischem Geknister die Strahlen in den Fokus zurück, und an der Hand blitzte nur wieder ein kleiner Smaragd, über den der Archivarius den Handschuh zog. „Haben Sie die goldnen Schlänglein gesehen, Herr Anselmus?" fragte der Archivarius Lindhorst. „Ach Gott, ja!" erwiderte der Student, „und die holde liebliche Serpentina." „Still," fuhr der Archivarius Lindhorst fort, „genug für heute, übrigens können Sie ja, wenn Sie sich entschließen wollen, bei mir zu arbeiten, meine Töchter oft genug sehen, oder vielmehr, ich will Ihnen dies wahrhaftige Vergnügen verschaf-

keineswegs: keinesfalls

unerachtet: obgleich
werter: geehrter   **wahrnehme:** merke
Erzeugnis: Frucht   **erhitzten:** erregten
Einbildungskraft: Phantasie   **halten:** ansehen
Gelassenheit: Überlegenheit

klar: deutlich

losen: leichtlebigen   **Dirnen:** Prostituierten

erlustigt: vergnügt

geahnet: geahnt, vermutet hatte
Rasenboden: Erdboden mit Gras bewachsen
ringsumher: um ihn   **anfingen:** begannen

Funken und Flammen: glitzernden feurigen

erblicken: sehen
Wunder: Mirakel
Fokus: Feuer   **warf:** sandte
    verspannen: bildeten

mancherlei: verschiedenartigen
hüpften: sprangen
schlanken: grazilen   **blitzenden:** schimmernden
erklangen: ertönten   **herrliche:** fantastische
mittelste: in der Mitte   **Sehnsucht:** Begehren

wahnsinnigem: irrem
Entzücken: Ekstase

Smaragd: grüner Edelstein

erwiderte: antwortete
Still: Schweigen Sie

wahrhaftige: wirkliche   **Vergnügen:** Freude

fen, wenn Sie sich bei der Arbeit recht brav halten, das heißt: mit der größten Genauigkeit und Reinheit jedes Zeichen kopieren. Aber Sie kommen ja gar nicht zu mir, unerachtet mir der Registrator Heerbrand versicherte, Sie würden sich nächstens einfinden, und ich deshalb mehrere Tage vergebens gewartet." - Sowie der Archivarius Lindhorst den Namen Heerbrand nannte, war es dem Studenten Anselmus erst wieder, als stehe er wirklich mit beiden Füßen auf der Erde und er wäre wirklich der Student Anselmus und der vor ihm stehende Mann der Archivarius Lindhorst. Der gleichgültige Ton, in dem dieser sprach, hatte im grellen Kontrast mit den wunderbaren Erscheinungen, die er wie ein wahrhafter Nekromant hervorrief, etwas Grauenhaftes, das durch den stechenden Blick der funkelnden Augen, die aus den knöchernen Höhlen des magern, runzlichten Gesichts wie aus einem Gehäuse hervorstrahlten, noch erhöht wurde, und den Studenten ergriff mit Macht dasselbe unheimliche Gefühl, welches sich seiner schon auf dem Kaffeehause bemeisterte, als der Archivarius so viel Abenteuerliches erzählte. Nur mit Mühe faßte er sich, und als der Archivarius nochmals fragte: „Nun, warum sind Sie denn nicht zu mir gekommen?" da erhielt er es über sich, alles zu erzählen, was ihm an der Haustür begegnet. „Lieber Herr Anselmus," sagte der Archivarius, als der Student seine Erzählung geendet, „lieber Herr Anselmus, ich kenne wohl das Äpfelweib, von der Sie zu sprechen belieben; es ist eine fatale Kreatur, die mir allerhand Possen spielt, und daß sie sich hat bronzieren lassen, um als Türklopfer die mir angenehmen Besuche zu verscheuchen, das ist in der Tat sehr arg und nicht zu leiden. Wollten Sie doch, werter Herr Anselmus, wenn Sie morgen um zwölf Uhr zu mir kommen und wieder etwas von dem Angrinsen und Anschnarren vermerken, ihr gefälligst was weniges von diesem Liquor auf die Nase tröpfeln, dann wird sich sogleich alles geben? Und nun Adieu! lieber Herr Anselmus, ich gehe etwas rasch, deshalb will ich Ihnen nicht zumuten, mit mir nach der Stadt zurückzukehren. - Adieu! auf Wiedersehen, morgen um zwölf Uhr." - Der Archivarius hatte dem Studenten Anselmus ein kleines Fläschchen mit einem goldgelben Liquor gegeben, und nun schritt er rasch von dannen, so daß er in der tiefen Dämmerung die unterdessen eingebrochen, mehr in das Tal hinabzuschweben als zu gehen schien. Schon war er in der Nähe des Koselschen Gartens, da setzte sich der Wind in den weiten Überrock und trieb die Schöße auseinander, daß sie wie ein paar große Flügel in den Lüften flatterten und des dem Studenten Anselmus, der verwunderungsvoll dem Archivarius nachsah, vorkam, als breite ein großer Vogel die Fittiche aus zum raschen Fluge. - Wie der Student nun so in die Dämmerung hineinstarrte, da erhob sich mit krächzendem Geschrei ein weißgrauer Geier hoch in die Lüfte, und er merkte nun wohl, daß das weiße Geflatter, was er noch immer für den davonschreitenden Archivarius gehalten, schon eben der Geier gewesen sein müsse, unerachtet er nicht begreifen konnte, wo denn der Archivarius mit einemmal hingeschwunden. „Er kann aber auch selbst in

halten: verhalten
Genauigkeit: Präzision   **Reinheit:** Sauberkeit
unerachtet: obgleich
versicherte: garantierte   **nächstens:** bald
vergebens: umsonst

gleichgültige: uninteressierte
grellen: leuchtenden
Nekromant: Geisterbeschwörer
Grauenhaftes: Entsetzliches
knöchernen Höhlen: Orbita   **runzlichten:** faltigen
Gehäuse: Kapsel
unheimliche: beängstigende
bemeisterte: ermächtigte
Abenteuerliches: Ereignisreiches

erhielt er es über sich: faßte er Mut
begegnet: geschehen war

belieben: wollen
Possen: Scherze   **bronzieren:** in Bronze gießen
angenehmen: willkommenen
arg: schlimm   **leiden:** dulden

Angrinsen: höhnischen Lachen
gefälligst: wenn möglich   **Liquor:** Branntwein
sogleich: sofort   **alles geben:** beendet sein
rasch: schnell   **zumuten:** verlangen

schritt von dannen: ging ... weg
Dämmerung: Dunkelheit   **eingebrochen:** gekommen

setzte sich ... in: blies   **Überrock:** Mantel
trieb: wehte   **Schöße:** Mantelschwänze
verwunderungsvoll: erstaunt
vorkam: schien   **breite ... aus:** erhebe
Fittiche: Flügel   **raschen:** schnellen
hineinstarrte: mit leerem Blick
Geier: Raubvogel
davonschreitenden: weggehenden
gehalten: angesehen hatte
unerachtet: obgleich   **begreifen:** verstehen
hingeschwunden: verblieben

Person davongeflogen sein, der Herr Archivarius Lindhorst," sprach der Student Anselmus zu sich selbst, „denn ich sehe und fühle nun wohl, daß alle die fremden Gestalten aus einer fernen wundervollen Welt, die ich sonst nur in ganz besondern merkwürdigen Träumen schaute, jetzt in mein waches reges Leben geschritten sind und ihr Spiel mit mir treiben. - Dem sei aber, wie ihm wolle! Du lebst und glühst in meiner Brust, holde, liebliche Serpentina, nur du kannst die unendliche Sehnsucht stillen, die mein Innerstes zerreißt. - Ach, wann werde ich in dein holdseliges Auge blicken - liebe, liebe Serpentina!" - So rief der Student Anselmus ganz laut. - „Das ist ein schnöder, unchristlicher Name," murmelte eine Baßstimme neben ihm, die einem heimkehrenden Spaziergänger gehörte. Der Student Anselmus zu rechter Zeit erinnert, wo er war, eilte raschen Schrittes von dannen, indem er bei sich selbst dachte: „Wäre es nicht ein rechtes Unglück, wenn mir jetzt der Konrektor Paulmann oder der Registrator Heerbrand begegnete?" - Aber er begegnete keinem von beiden.

Fünfte Vigilie

„Mit dem Anselmus ist nun einmal in der Welt nichts anzufangen", sagte der Konrektor Paulmann; „alle meine guten Lehren, alle meine Ermahnungen sind fruchtlos, er will sich ja zu gar nichts applizieren, unerachtet er die besten Schulstudia besitzt, die denn doch die Grundlage von allem sind." Aber der Registrator Heerbrand erwiderte, schlau und geheimnisvoll lächelnd: „Lassen Sie dem Anselmus noch Raum und Zeit, wertester Konrektor! das ist ein kurioses Subjekt, aber es steckt viel in ihm, und wenn ich sage: viel, so heißt das: ein geheimer Sekretär oder wohl gar ein Hofrat. - „Hof -" fing der Konrektor im größten Erstaunen an, das Wort blieb ihm stecken. - „Still, still," fuhr der Registrator Heerbrand fort, „ich weiß, was ich weiß! - Schon seit zwei Tagen sitzt er bei dem Archivarius Lindhorst und kopiert, und der Archivarius sagte gestern abend auf dem Kaffeehause zu mir: „Sie haben mir einen wackern Mann empfohlen, Verehrter! - aus dem wird was', und nun bedenken Sie des Archivarii Konnexionen - still - still - sprechen wir uns übers Jahr!" - Mit diesen Worten ging der Registrator im fortwährenden schlauen Lächeln zur Tür hinaus und ließ den vor Erstaunen und Neugierde verstummten Konrektor im Stuhle festgebannt sitzen. Aber auf Veronika hatte das Gespräch einen ganz eignen Eindruck gemacht.

Sie stellt sich vor, mit Anselmus verheiratet zu sein und versetzt sich in die Rolle der Hofrätin. Dann kommen ihr aber wiederum Zweifel, ob er sie wirklich zur Frau nehmen würde. Sie sieht ein kleines graues Männchen in allen Ecken ihres Zimmers, das sich mit höhnischer Stimme über ihre Träumereien lustig macht und ihr prophezeit, daß sie niemals Hofrätin werden wird. Sie kann sich von dieser schrecklichen Gestalt nicht befreien.

Anläßlich eines Kaffeeklatsches spricht eine ihrer Freundinnen

Gestalten: Figuren
merkwürdigen: seltsamen
schaute: sah

wundervollen: magischen

waches: wirkliches

stillen: befriedigen
holdseliges: liebliches

zerreißt: zerstört

schnöder: böser

murmelte: flüsterte

raschen: schnellen
von dannen: weg
rechtes: wirkliches

anzufangen: zu machen

Ermahnungen: Ratschläge
applizieren: bemühen
Grundlage: Basis
erwiderte: antwortete

fruchtlos: erfolglos
unerachtet: obgleich

schlau: listig

es steckt: es ist verborgen
Hofrat: Regierungsbeamter
Erstaunen: Verwunderung
Still: Ruhig

wackern: vertrauenswürdigen
aus dem wird was: er wird Karriere machen
Konnexionen: Zusammenhänge
fortwährenden: andauernden
schlauen: listigen
Neugierde: Wissensdurst
eignen: persönlichen
stellt sich vor: träumt
wiederum: andererseits

Eindruck: Impression
versetzt sich: spielt

Männchen: kleinen Mann
höhnischer: spottender

Gestalt: Figur
Anläßlich: Bei

befreien: frei machen

von einer alten Frau im Ort, die eine gewisse Sehergabe haben soll. In Veronika reift das Verlangen, diese Alte über Anselmus und über ihre Hoffnungen zu befragen und sie begibt sich noch am gleichen Tage zu der Frau, die keine andere ist, als das Äpfelweib, dem Anselmus in den Korb getreten war und die ihm seit daher mehrmals, immer wieder in anderer Gestalt begegnet. Die Hexe ist Anselmus also schlecht gesinnt und sagt zu Veronika ,daß der Student sie nicht liebe, da er in ein goldgrünes Schlänglein verliebt sei, und daß er auch niemals Hofrat werde. Da die Alte Veronika schon als kleines Mädchen im Arm hielt, gibt sie sich als ihre ehemalige Wärterin zu erkennen, die vor vielen Jahren auf ungeklärte Weise aus dem Hause des Konrektors verschwand. Sie weiß, daß Veronika Anselmus über alles liebt und verspricht, ihr zu helfen. Veronika solle sich in der gleichen Nacht bei ihr einfinden und sie würde sie auf den Kreuzweg führen, um Anselmus aus der Verstrickung zu erlösen. Erst dann könne er seine Liebe zu Veronika erklären und sie zur Frau nehmen, nachdem er das Amt als Hofrat übernommen habe. Veronika nimmt diesen Plan an.

Sechste Vigilie

„Es kann aber auch sein," sprach der Student Anselmus zu sich selbst, „daß der superfeine starke Magenlikör, den ich bei dem Monsieur Conradi etwas begierig genossen, alle die tollen Phantasmata geschaffen, die mich vor der Haustür des Archivarius Lindhorst ängsteten. Deshalb bleibe ich heute ganz nüchtern und will nun wohl allem weitern Ungemach, das mir begegnen könnte, Trotz bieten." - So wie damals, als er sich zum ersten Besuch bei dem Archivarius Lindhorst rüstete, steckte er seine Federzeichnungen und kalligraphischen Kunstwerke, seine Tuschstangen, seine wohlgespitzten Rabenfedern ein, und schon wollte er zur Tür hinausschreiten, als ihm das Fläschchen mit dem gelben Liquor in die Augen fiel, das er von dem Archivarius Lindhorst erhalten. Da gingen ihm wieder all die seltsamen Abenteuer, welche er erlebt, mit glühenden Farben durch den Sinn, und ein namenloses Gefühl von Wonne und Schmerz durchschnitt seine Brust. Unwillkürlich rief er mit recht kläglicher Stimme aus: „Ach, gehe ich denn nicht zum Archivarius, nur um dich zu sehen, du holde, liebliche Serpentina?" - Es war ihm in dem Augenblick so, als könne Serpentinas Liebe der Preis einer mühevollen, gefährlichen Arbeit sein, die er unternehmen müßte, und diese Arbeit sei keine andere als das Kopieren der Lindhorstischen Manuskripte. - Daß ihm schon bei dem Eintritt ins Haus oder vielmehr noch vor demselben allerlei Wunderliches begegnen könne, wie neulich, davon war er überzeugt. Er dachte nicht mehr an Coradis Magenwasser, sondern steckte schnell den Liquor in die Westentasche, um ganz nach des Archivarius Vorschrift zu verfahren, wenn das bronzierte Äpfelweib sich unterstehen sollte, ihn anzugrinsen. - Erhob sich denn nicht auch wirklich gleich die spitze Nase, funkelten

gewisse: bestimmte
reift: entsteht **Verlangen:** Wunsch

Hexe: Zauberin
schlecht gesinnt: nicht gut auf ihn eingestellt

Wärterin: Kindermädchen
ungeklärte: merkwürdige

einfinden: präsentieren
Kreuzweg: Ort der Hexen **Verstrickung:** Verzauberung

superfeine: sehr feine
begierig: in Hast **genossen:** getrunken habe
geschaffen: verursacht hat
ängsteten: Angst machten **nüchtern:** ohne Alkohol
Ungemach: Mißgeschick

rüstete: vorbereitete
kalligraphischen Kunstwerke: Schönschriften
Rabenfedern: Schreibfedern
in die Augen fiel: sah

seltsamen: merkwürdigen **Abenteuer:** Erlebnisse
namenloses: unbeschreibliches
durchschnitt: schmerzte **Unwillkürlich:** Automatisch

Augenblick: Moment **mühevollen:** anstrengenden
unternehmen: ausführen

allerlei: viel **Wunderliches:** Merkwürdiges
neulich: vor Kurzem **überzeugt:** gewiß
Magenwasser: Medizin
Vorschrift: Anordnung **verfahren:** handeln
sich unterstehen: wagen
funkelten: leuchteten

nicht die Katzenaugen aus dem Türdrücker, als er ihn auf den Schlag zwölf Uhr ergreifen wollte? - Da spritzte er, ohne sich weiter zu bedenken, den Liquor in das fatale Gesicht hinein, und es glättete und plättete sich augenblicklich aus zum glänzenden kugelrunden Türklopfer. - Die Tür ging auf, die Glocken läuteten gar lieblich durch das ganze Haus: klingling - Jüngling - flink - flink - spring - spring - klingling. - Er stieg getrost die schöne breite Treppe hinauf und weidete sich an dem Duft des seltenen Räucherwerks, der durch das Haus floß. Ungewiß blieb er auf dem Flur stehen, denn er wußte nicht, an welche der vielen schönen Türen er wohl pochen sollte; da trat der Archivarius Lindhorst in einem weiten damastnen Schlafrock heraus und rief: „Nun, es freut mich, Herr Anselmus, daß Sie endlich Wort halten, kommen Sie mir nur nach, denn ich muß Sie ja wohl gleich ins Laboratorium führen." Damit schritt er schnell den langen Flur hinauf und öffnete eine kleine Seitentür, die in einen Korridor führte. Anselmus schritt getrost hinter dem Archivarius her; sie kamen aus dem Korridor in einen Saale oder vielmehr in ein herrliches Gewächshaus, denn von beiden Seiten bis an die Decke hinauf standen allerlei seltene wunderbare Blumen, ja große Bäume mit sonderbar gestalteten Blättern und Blüten. Ein magisches blendendes Licht verbreitete sich überall, ohne daß man bemerken konnte, wo es herkam, da durchaus kein Fenster zu sehen war. Sowie der Student Anselmus in die Büsche und Blumen hineinblickte, schienen lange Gänge sich in weiter Ferne auszudehnen. - Im tiefen Dunkel dichter Zypressenstauden schimmerten Marmorbecken, aus denen sich wunderliche Figuren erhoben, Kristallstrahlen hervorspritzend, die plätschernd niederfielen in leuchtende Lilienkelche; seltsame Stimmen rauschten und säuselten durch den Wald der wunderbaren Gewächse, und herrliche Düfte strömten auf und nieder. Der Archivarius war verschwunden, und Anselmus erblickte nur einen riesenhaften Busch glühender Feuerlilien vor sich. Von dem Anblick, von den süßen Düften des Feengartens berauscht, blieb Anselmus festgezaubert stehen. Da fing es überall an zu kickern und zu lachen, und feine Stimmchen neckten und höhnten: „Herr Studiosus, Herr Studiosus! wo kommen Sie denn her? warum haben Sie sich denn so schön geputzt, Herr Anselmus? - Wollen Sie eins mit uns plappern, wie die Großmutter das Ei mit dem Steiß zerdrückte und der Junker einen Klecks auf die Sonntagsweste bekam? Können Sie die neue Arie schon auswendig, die Sie vom Papa Starmatz gelernt, Herr Anselmus? - Sie sehen recht possierlich aus in der gläsernen Perücke und den postparternen Stülpstiefeln!" - So rief und kickerte und neckte es aus allen Winkeln hervor - ja dicht neben dem Studenten, der nun erst wahrnahm, wie allerlei bunte Vögel ihn umflatterten und ihn so in vollem Gelächter aushöhnten. - In dem Augenblick schritt der Feuerlilienbusch auf ihn zu, und er sah, daß es der Archivarius Lindhorst war, dessen blumichter, in Rot und Gelb glänzender Schlafrock ihn nur getäuscht hatte. „Verzeihen Sie, werter Herr Anselmus," sagte der Archivarius, „daß ich Sie stehen ließ, aber vorü-

Katzenaugen: Augen wie eine Katze
ergreifen: anfassen **zu bedenken:** zu zögern
fatale: unheilbringende
augenblicklich: sofort **kugelrunden:** runden

flink: schnell
getrost: unbesorgt **weidete sich:** genoß
seltenen: raren **Räucherwerks:** Duftes
Ungewiß: Unsicher **Flur:** Korridor
pochen: klopfen
damastnen: aus glänzendem Stoff

Wort: Versprechen
schritt: lief

getrost: ruhig

herrliches: wunderschönes
allerlei: verschiedenartige
sonderbar: eigenartig **gestalteten:** geformten

Sowie: Sobald

auszudehnen: zu erstrecken
schimmerten: leuchteten

Lilienkelche: Lilienschalen
rauschten: flüsterten
Gewächse: Pflanzen **strömten:** bewegten sich
riesenhaften: sehr großen
Anblick: Bild
Feengartens: magischen Gartens
festgezaubert: verzaubert **kichern:** leise zu lachen
neckten: verulkten **höhnten:** verspotteten

schön geputzt: schön gekleidet
Steiß: Gesäß **Junker:** Junge
Klecks: Fleck
auswendig: aus dem Kopf
recht: ziemlich **possierlich:** komisch

Winkeln: Ecken **dicht:** nahe
wahrnahm: merkte **allerlei:** vielerlei
aushöhnten: verspotteten **Augenblick:** Moment
Feuerlilienbusch: Strauch von Feuerlilien
blumichter: geblümter
getäuscht: irregeführt

bergehend sah ich nur nach meinem schönen Kaktus, der diese Nacht seine Blüten aufschliessen wird - aber wie gefällt Ihnen denn mein kleiner Hausgarten?" - „Ach Gott, über alle Maßen schön ist es hier, geschätztester Herr Archivarius," erwiderte der Student, „aber die bunten Vögel mokieren sich über meine Wenigkeit gar sehr!" - „Was ist denn das für ein Gewäsche?" rief der Archivarius zornig in die Büsche hinein. Da flatterte ein großer grauer Papagei hervor, und sich neben dem Archivarius auf einen Myrtenast setzend und ihn ungemein ernsthaft und gravitätisch durch eine Brille, die auf dem krummen Schnabel saß, anblickend, schnarrte er: „Nehmen Sie es nicht übel, Herr Archivarius, meine mutwilligen Buben sind einmal wieder recht ausgelassen, aber der Herr Studiosus sind selbst daran schuld, denn -" „Still da, still da!" unterbrach der Archivarius den Alten, „ich kenne die Schelme, aber Er sollte sie besser in Zucht halten, mein Freund! - gehen wir weiter, Herr Anselmus!" - Noch durch manches fremdartig aufgeputzte Gemach schritt der Archivarius, so daß der Student ihm kaum folgend und einen Blick auf all die glänzenden, sonderbar geformten Mobilien und andere unbekannte Sachen werfen konnte, womit alles überfüllt war. Endlich traten sie in ein großes Gemach, in dem der Archivarius, den Blick in die Höhe gerichtet, stehenblieb und Anselmus Zeit gewann, sich an dem herrlichen Anblick, den der einfache Schmuck dieses Saals gewährte, zu weiden. Aus den azurblauen Wänden traten die goldbronzenen Stämme hoher Palmbäume hervor, welche ihre kolossalen, wie funkelnde Smaragden glänzenden Blätter oben zur Decke wölbten; in der Mitte des Zimmers ruhte auf drei aus dunkler Bronze gegossenen ägyptischen Löwen eine Porphyrplatte, auf welcher ein einfacher goldener Topf stand, von dem, als er ihn erblickte, Anselmus nun gar nicht mehr die Augen wegwenden konnte. Es war, als spielten in tausend schimmernden Reflexen allerlei Gestalten auf dem strahlend polierten Golde - manchmal sah er sich selbst mit sehnsüchtig ausgebreiteten Armen - ach! neben dem Holunderbusch - Serpentina schlängelte sich auf und nieder, ihn anblickend mit den holdseligen Augen. Anselmus war außer sich vor wahnsinnigem Entzücken. „Serpentina - Serpentina!" schrie er laut auf, da wandte sich der Archivarius Lindhorst schnell um und sprach: „Was meinen Sie, werter Herr Anselmus? - Ich glaube, Sie belieben meine Tochter zu rufen, die ist aber ganz auf der andern Seite meines Hauses in ihrem Zimmer und hat soeben Klavierstunde, kommen Sie nur weiter." Anselmus folgte beinahe besinnungslos dem davonschreitenden Archivarius, er sah und hörte nichts mehr, bis ihn der Archivarius heftig bei der Hand ergriff und sprach: „Nun sind wir an Ort und Stelle!" Anselmus erwachte wie aus einem Traum und bemerkte nun, daß er sich in einem hohen, rings mit Bücherschränken umstellten Zimmer befand, welches sich in keiner Art von gewöhnlichen Bibliothek- und Studierzimmern unterschied. In der Mitte stand ein großer Arbeitstisch und ein gepolsterter Lehnstuhl vor demselben. „Dieses," sagte der Archivarius Lindhorst, „ist vorderhand Ihr

aufschließen: entsprießen
über alle Maßen: unbeschreiblich
erwiderte: antwortete
mokierten sich: machten sich lustig
Gewäsche: Gequassel   **zornig:** verärgert
flatterte: flog

ungemein: sehr   **ernsthaft:** nachdrücklich
krummen: gebogenen   **schnarrte:** brummte
mutwilligen: übermütigen   **Buben:** Jungen
ausgelassen: wild
Still: Ruhig
Schelme: Narren   **Zucht:** Disziplin

fremdartig: merkwürdig   **aufgeputzte:** ausgestattete

geformten: gebildeten   **Mobilien:** Möbel

Anblick: Bild   **Saals:** großen Raumes
weiden: erfreuen
Stämme: Baumstämme   **kolossalen:** enormen
Smaragden: grüne Edelsteine

Topf: Gefäß

Gestalten: Figuren   **strahlend:** blank
polierten: geputzten

anblickend: ansehend   **holdseligen:** lieblichen
wahnsinnigem: irren   **Entzücken:** Begeisterung
wandte sich ... um: drehte sich ... um

belieben: möchten

soeben: gerade
beinahe: fast   **besinnungslos:** im Rausch

heftig: stark   **Ort und Stelle:** angekommen

unterschied: absonderte
gepolsterter Lehnstuhl: bequemer Sessel
vorderhand: zunächst

Arbeitszimmer, ob Sie künftig auch in dem andern blauen Bibliotheksaal, in dem Sie so plötzlich meiner Tochter Namen riefen, arbeiten werden, weiß ich noch nicht; - aber nun wünschte ich mich erst von Ihrer Fähigkeit, die Ihnen zugedachte Arbeit wirklich meinem Wunsch und Bedürfnis gemäß auszuführen, zu überzeugen." Der Student Anselmus ermutigte sich nun ganz und gar und zog nicht ohne innere Selbstzufriedenheit und in der Überzeugung, den Archivarius durch sein ungewöhnliches Talent höchlich zu erfreuen, seine Zeichnungen und Schreibereien aus der Tasche. Der Archivarius hatte kaum das erste Blatt, eine Handschrift in der elegantesten englischen Schreibmanier, erblickt, als er recht sonderbar lächelte und mit dem Kopfe schüttelte. Das wiederholte er bei jedem folgenden Blatte, so daß dem Studenten Anselmus das Blut in den Kopf stieg und er, als das Lächeln zuletzt recht höhnisch und verächtlich wurde, in vollem Unmute losbrach: „Der Herr Archivarius scheinen mit meinen geringen Talenten nicht ganz zufrieden?" - „Lieber Herr Anselmus," sagte der Archivarius Lindhorst, „Sie haben für die Kunst des Schönschreibens wirklich treffliche Anlagen, aber vorderhand, sehe ich wohl, muß ich mehr auf Ihren Fleiß, auf Ihren guten Willen rechnen als auf Ihre Fertigkeit. Es mag auch wohl an den schlechten Materialien liegen, die Sie verwandt." - Der Student Anselmus sprach viel von seiner sonst anerkannten Kunstfertigkeit, von chinesischer Tusche und ganz auserlesenen Rabenfedern. Da reichte ihm der Archivarius Lindhorst das englische Blatt hin und sprach: „Urteilen Sie selbst!" - Anselmus wurde wie vom Blitz getroffen, als ihm seine Handschrift so höchst miserabel vorkam. Da war keine Ründe in den Zügen, kein Druck richtig, kein Verhältnis der großen und kleinen Buchstaben, ja! schülermäßige schnöde Hahnenfüße verdarben oft die sonst ziemlich geratene Zeile. „Und dann," fuhr der Archivarius Lindhorst fort, „ist Ihre Tusche auch nicht haltbar." Er tunkte den Finger in ein mit Wasser gefülltes Glas, und indem er nun leicht auf die Buchstaben tupfte, war alles spurlos verschwunden. Dem Studenten Anselmus war es, als schnüre ein Ungetüm ihm die Kehle zusammen - er konnte kein Wort herausbringen. So stand er da, das unglückliche Blatt in der Hand, aber der Archivarius Lindhorst lachte laut auf und sagte: „Lassen Sie sich das nicht anfechten, wertester Herr Anselmus; was Sie bisher nicht vollbringen konnten, wird hier bei mir vielleicht besser sich fügen; ohnedies finden Sie ein besseres Material, als Ihnen sonst wohl zu Gebote stand! - Fangen Sie nur getrost an!" - Der Archivarius Lindhorst holte erst eine flüssige schwarze Masse, die einen ganz eigentümlichen Geruch verbreitete, sonderbar gefärbte, scharf zugespitzte Federn und ein Blatt von besonderer Weiße und Glätte, dann aber ein arabisches Manuskript aus einem verschlossenen Schranke herbei, und sowie Anselmus sich zur Arbeit gesetzt, verließ er das Zimmer. Der Student Anselmus hatte schon öfters arabische Schrift kopiert, die erste Aufgabe schien ihm daher nicht so schwer zu lösen. „Wie die Hahnenfüße in meine schöne

wünschte: möchte
Fähigkeit: Kapazität   **zugedachte:** vorgesehene
Bedürfnis: Notwendigkeit   **gemäß:** entsprechend
ermutigte: faßte Mut
Selbstzufriedenheit: Selbstbewußtsein
höchlich: sehr
Schreibereien: Schönschriften

Schreibmanier: Schreibweise

höhnisch: spottisch   **verächtlich:** abfällig
Unmute: Empörung   **losbrach:** herausplatzte
geringen: wenigen

treffliche: gute   **Anlagen:** Talente
vorderhand: zunächst
Fertigkeit: Geschicklichkeit
verwandt: verwendet haben
anerkannten: geschätzten
Tusche: Zeichenfarbe   **auserlesenen:** exquisiten
reichte: gab
vom Blitz getroffen: erschrak
vorkam: erschien
Zügen: Schriftzügen
Verhältnis: Proportion
schnöde: häßliche   **Hahnenfüße:** Kritzelei
Zeile: Reihe
haltbar: resistent   **tunkte:** tauchte
tupfte: berührte
spurlos: komplett
Kehle: Hals

anfechten: unsicher machen

fügen: gelingen   **ohnedies:** außerdem
Gebote: Verfügung   **getrost:** beruhigt

eigentümlichen: merkwürdigen

öfters: mehrmals
Hahnenfüße: Kritzeleien

englische Kursivschrift gekommen, mag Gott und der Archivarius Lindhorst wissen," sprach er, „aber daß sie nicht von *meiner* Hand sind, darauf will ich sterben." - Mit jedem Worte, das nun wohlgelungen auf dem Pergamente stand, wuchs sein Mut und mit ihm seine Geschicklichkeit. In der Tat schrieb es sich mit den Federn auch ganz herrlich, und die geheimnisvolle Tinte floß rabenschwarz und gefügig auf das blendend weiße Pergament. Als er nun so emsig und mit angestrengter Aufmerksamkeit arbeitete, wurde es ihm immer heimlicher in dem einsamen Zimmer, und er hatte sich schon ganz in das Geschäft, welches er glücklich zu vollenden hoffte, geschickt, als auf den Schlag drei Uhr ihn der Archivarius in das Nebenzimmer zu dem wohlbereiteten Mittagsmahl rief. Bei Tische war der Archivarius Lindhorst bei ganz besonderer heiterer Laune; er erkundigte sich nach des Studenten Anselmus Freunden, dem Konrektor Paulmann und dem Registrator Heerbrand, und wußte vorzüglich von dem letztern recht viel Ergötzliches zu erzählen. Der gute alte Rheinwein schmeckte dem Anselmus gar sehr und machte ihn gesprächiger, als er wohl sonst zu sein pflegte. Auf den Schlag vier Uhr stand er auf, um an seine Arbeit zu gehen, und diese Pünktlichkeit schien dem Archivarius Lindhorst wohl zu gefallen. War ihm schon vor dem Essen das Kopieren der arabischen Zeichen geglückt, so ging die Arbeit jetzt noch viel besser vonstatten, ja er konnte selbst die Schnelle und Leichtigkeit nicht begreifen, womit er die krausen Züge der fremden Schrift nachzumalen vermochte. - Aber es war, als flüstre aus dem innersten Gemüte eine Stimme in vernehmlichen Worten: „Ach! könntest du denn das vollbringen, wenn du *sie* nicht in Sinn und Gedanken trügest, wenn du nicht an *sie*, an ihre Liebe glaubtest?" - Da wehte es wie in leisen, leisen lispelnden Kristallklängen durch das Zimmer: „Ich bin dir nahe - nahe - nahe! - ich helfe dir - sei mutig - sei standhaft, lieber Anselmus! - ich mühe mich mit dir, damit du mein werdest!" Und sowie er voll innern Entzückens die Töne vernahm, wurden ihm immer verständlicher die unbekannten Zeichen - er durfte kaum mehr hineinblicken in das Original - ja es war, als stünden schon wie in blasser Schrift die Zeichen auf dem Pergament, und er dürfe sie nur mit geübter Hand schwarz überziehen. So arbeitete er fort, von lieblichen tröstenden Klängen wie vom süßen zarten Hauch umflossen, bis die Glocke sechs Uhr schlug und der Archivarius Lindhorst in das Zimmer trat. Er ging sonderbar lächelnd an den Tisch, Anselmus stand schweigend auf, der Archivarius sah ihn noch immer so wie in höhnendem Spott lächelnd an, kaum hatte er aber in die Abschrift geblickt, als das Lächeln in dem tiefen feierlichen Ernst unterging, zu dem sich alle Muskeln des Gesichts verzogen. - Bald schien er nicht mehr derselbe. Die Augen, welche sonst funkelndes Feuer strahlten, blickten jetzt mit unbeschreiblicher Milde den Anselmus an, eine sanfte Röte färbte die bleichen Wangen, und statt der Ironie, die sonst den Mund zusammenpreßte, schienen die weichgeformten anmutigen Lippen sich zu öffnen zur weisheitsvollen, ins Gemüt

darauf will ich sterben: das kann ich schwören
wuchs sein Mut: bekam er mehr Mut
In der Tat: Tatsächlich
geheimnisvolle: seltsame
gefügig: leicht   **blendend:** leuchtend
angestrengter: besonderer
heimlicher: gemütlicher
glücklich: erfolgreich   **zu vollenden:** beenden
auf den Schlag: Punkt
Mittagsmahl: Mittagessen
heiterer: froher   **Laune:** Stimmung
erkundigte sich: fragte

vorzüglich: besonders   **Ergötzliches:** Lustiges

gesprächiger: redelustiger   **zu sein pflegte:** war

geglückt: gelungen
ging ... vonstatten: verlief
selbst: sogar   **Schnelle:** Geschwindigkeit
krausen Züge: verkringelten Schriftzüge
Gemüte: Herzen
vernehmlichen: verständlichen
trügest: Konj.II von *tragen*
wehte: hauchte
lispelnden: flüsternden
standhaft: stark
mühe mich: bemühe mich
Entzückens: Freude   **vernahm:** hörte
durfte: brauchte

blasser: farbloser   **dürfe:** brauchte
geübter: geschickter   **überziehen:** übermalen
tröstenden: Mut zusprechenden

Abschrift: Kopie
feierlichen: erhabenen   **unterging:** verschwand

blickten: schauten   **Milde:** Sanftmut
sanfte: leichte   **bleichen:** blassen
zusammenpreßte: zusammendrückte
weisheitsvollen: erfahrenen

dringenden Rede. - Die ganze Gestalt war höher, würdevoller; der weite Schlafrock legte sich wie ein Königsmantel in breiten Falten um Brust und Schultern, und durch die weißen Löckchen, welche an der hohen offenen Stirn lagen, schlang sich ein schmaler goldner Reif. „Junger Mensch," fing der Archivarius an im feierlichen Ton, „junger Mensch, ich habe, noch ehe du es ahnetest, all die geheimen Beziehungen erkannt, die dich an mein Liebstes, Heiligstes fesseln! - Serpentina liebt dich, und ein seltsames Geschick, dessen verhängnisvollen Faden feindliche Mächte spannen, ist erfüllt, wenn sie dein wird, und wenn du als notwendige Mitgift den goldenen Topf erhältst, der ihr Eigentum ist. Aber nur dem Kampfe entsprießt dein Glück im höheren Leben. Feindliche Prinzipe fallen dich an, und nur die innere Kraft, mit der du den Anfechtungen widerstehst, kann dich retten von Schmach und Verderben. Indem du hier arbeitest, überstehst du deine Lehrzeit; Glauben und Erkenntnis führen dich zum nahen Ziele, wenn du festhältst an dem, was du beginnen mußtest. Trage sie recht getreulich im Gemüte, *sie*, die dich liebt, und du wirst die herrlichen Wunder des goldnen Topfs schauen und glücklich sein immerdar. - Gehab dich wohl! der Archivarius Lindhorst erwartet dich morgen um zwölf Uhr in seinem Kabinett! - Gehab dich wohl!" - Der Archivarius schob den Studenten Anselmus sanft zur Tür hinaus, die er dann verschloß, und er befand sich in dem Zimmer, in welchem er gespeiset, dessen einzige Tür auf den Flur führte. Ganz betäubt von den wunderbaren Erscheinungen, blieb er vor der Haustür stehen, da wurde über ihm ein Fenster geöffnet, er schaute hinauf, es war der Archivarius Lindhorst; ganz der Alte im weißgrauen Rocke, wie er ihn sonst gesehen. - Er rief ihm zu: „Ei, werter Herr Anselmus, worüber sinnen Sie denn so, was gilt's, das Arabische geht Ihnen nicht aus dem Kopf? Grüßen Sie doch den Herrn Konrektor Paulmann, wenn Sie etwa zu ihm gehen, und kommen Sie morgen Punkt zwölf Uhr wieder. Das Honorar für heute steckt bereits in Ihrer rechten Westentasche." - Der Student Anselmus fand wirklich den blanken Speziestaler in der bezeichneten Tasche, aber er freute sich gar nicht darüber. - „Was aus dem allen werden wird, weiß ich nicht," sprach er zu sich selbst - „umfängt mich aber nur ein toller Wahn und Spuk, so lebt und webt doch in meinem Innern die liebliche Serpentina, ich will, ehe ich von ihr lasse, lieber untergehen ganz und gar, denn ich weiß doch, daß der Gedanke in mir ewig ist, und kein feindliches Prinzip kann ihn vernichten; aber ist der Gedanke denn was anders als Serpentinas Liebe?"

Siebente Vigilie

Endlich klopfte der Konrektor Paulmann die Pfeife aus, sprechend: „Nun ist es doch wohl Zeit, sich zur Ruhe zu begeben." „Jawohl," erwiderte die durch des Vaters längeres Aufbleiben beängstete Veronika, denn es schlug längst zehn Uhr. Kaum war nun der Konrektor in sein Studier- und Schlafzimmer gegangen, kaum hatten

Gestalt: Figur   **höher:** größer

Löckchen: Haarkringel

ehe: bevor   **ahnetest:** erwartetest
Beziehungen: Relationen   **fesseln:** binden
Geschick: Schicksal   **verhängnisvollen:** fatalen
feindliche: gegnerische
Mitgift: Aussteuer zur Hochzeit
Eigentum: Besitz   **entsprießt:** ergibt sich
Feindliche: Gegnerische   **Prinzipe:** Grundsätze
Anfechtungen: Versuchungen
Schmach: Schande   **Verderben:** Untergang

festhältst: weiterführst
getreulich: treu   **Gemüte:** Herzen
Wunder: Mirakel   **schauen:** sehen
immerdar: für immer
Gehab dich wohl: Alles Gute

verschloß: mit dem Schlüssel zuschloß
gespeiset: gespeist, gegessen hatte
betäubt: benommen

sinnen: grübeln   **was gilt's:** was ist es

etwa: vielleicht
Honorar: Stipendium
steckt: ist
bezeichneten: angegebenen

umfängt: ergreift
toller: verrückter   **Wahn:** Irrsinn

untergehen: sterben
vernichten: zerstören

klopfte ... aus: säuberte
zur Ruhe zu begeben: schlafen zu gehen
erwiderte: antwortete   **beängstete:** besorgte

Fränzchens schwerere Atemzüge kundgetan, daß sie wirklich fest eingeschlafen, als Veronika, die sich zum Schein auch ins Bett gelegt, leise, leise wieder aufstand, sich anzog, den Mantel umwarf und zum Hause hinausschlüpfte. - Seit dem Augenblick, als Veronika die alte Liese verlassen, stand ihr unaufhörlich der Anselmus vor Augen, und sie wußte selbst nicht, welch eine fremde Stimme im Innern ihr immer und ewig wiederholte, daß sein Widerstreben von einer ihr feindlichen Person herrühre, die ihn in Banden halte, welche Veronika durch geheimnisvolle Mittel der magischen Kunst zerreißen könne. Ihr Vertrauen auf die alte Liese wuchs mit jedem Tage, und selbst der Eindruck des Unheimlichen, Grausigen stumpfte sich ab, so daß alles Wunderliche, Seltsame ihres Verhältnisses mit der Alten ihr nur im Schimmer des Ungewöhnlichen, Romanhaften erschien, wovon sie eben recht angezogen wurde. Deshalb stand auch der Vorsatz bei ihr fest, selbst mit Gefahr, vermißt zu werden und in tausend Unannehmlichkeiten zu geraten, das Abenteuer der Tag- und Nachtgleiche zu bestehen. Endlich war nun die verhängnisvolle Nacht des Äquinoktiums, in der die alte Liese Hilfe und Trost verheißen, eingetreten, und Veronika, mit dem Gedanken der nächtlichen Wanderung längst vertraut geworden, fühlte sich ganz ermutigt. Pfeilschnell flog sie durch die einsamen Straßen, des Sturms nicht achtend, der durch die Lüfte brauste und ihr die dicken Regentropfen ins Gesicht warf. - Mit dumpfem dröhnenden Klange schlug die Glocke des Kreuzturms eilf Uhr, als Veronika ganz durchnäßt vor dem Hause der Alten stand. „Ei, Liebchen, Liebchen, schon da! - nun warte, warte!" - rief sie von oben herab - und gleich darauf stand auch die Alte, mit einem Korbe beladen und von ihrem Kater begleitet, vor der Tür.

Die zitternde Veronika folgt der Alten, trotz des furchtbaren Sturms geben sie das Vorhaben nicht auf.

Endlich stand die Alte still und sprach: „Nun sind wir an Ort und Stelle!" Sie grub ein Loch in die Erde, schüttete Kohlen hinein und stellte den Dreifuß darüber, auf den sie den Kessel setzte. Alles dieses begleitete sie mit seltsamen Gebärden, während der Kater sie umkreiste.

Das Mädchen kniet da, unbeweglich wie ein Marmorbild. Ihr gegenüber sitzt auf dem Boden niedergekauert ein langes, hageres, kupfergelbes Weib mit spitzer Habichtsnase und funkelnden Katzenaugen; aus dem schwarzen Mantel, den sie umgeworfen, starren die nackten knöchernen Arme hervor, und, rührend in dem Höllensud ruft sie mit krächzender Stimme unbegreifliche Worte durch den Sturm. Dann löst sich der magische Kreis im Qualm auf und verschwand.

Veronika vernahm wohl, wie es um sie her heulte und brauste, wie allerlei widrige Stimmen durcheinander blökten und schnatterten, aber sie schlug die Augen nicht auf, denn sie fühlte, wie der Anblick des Gräßlichen, des Entsetzlichen, von dem sie umgeben, sie in unheilbaren zerstörenden Wahnsinn stürzen könne. Die Alte

kundgetan: erkennen lassen
zum Schein: per Fiktion

hinausschlüpfte: hinausschlich
unaufhörlich: andauernd

Widerstreben: Widerwille
herrühre: verursacht worden war   **Banden:** Fesseln
zerreißen: lösen

Eindruck: Gefühl   **Unheimlichen:** Geisterhaften
Verhältnisses: Relation
Schimmer: Schein   **Romanhaften:** wie ein Roman
angezogen: gereizt
Vorsatz: Absicht   **vermißt:** gesucht
Unannehmlichkeiten: Ärgernisse
bestehen: erleben   **verhängnisvolle:** fatale
Äquinoktiums: Tag- und Nachtgleiche
eingetreten: gekommen
ermutigt: voller Mut
Pfeilschnell: Mit hoher Geschwindigkeit

dumpfem: hohlem   **dröhnenden:** lauten
eilf: elf

Vorhaben: Plan
stand ... still: blieb stehen

Dreifuß: Hocker auf drei Füßen
Gebärden: Gesten
umkreise: um sie herumlief
kniet: liegt auf Knien
Boden: Erde   **niedergekauert:** geduckt
kupfergelbes: mit gelblicher Gesichtsfarbe
starren ... hervor: ragen ... hervor
nackten: unbekleideten   **knöchernen:** mageren
krächzender: heiserer
Qualm: Rauch

vernahm spürte   **heulte:** jaulte
allerlei: vielerlei   **widrige:** ekelhafte
schlug ... auf: öffnete
Anblick: Bild   **Gräßlichen:** Furchtbaren
unheilbaren: hoffnungslosen

hatte aufgehört, im Kessel zu rühren, immer schwächer und schwächer wurde der Qualm, und zuletzt brannte nur eine leichte Spirituslampe im Boden des Kessels. Da rief die Alte: „Veronika, mein Kind! mein Liebchen! schau hinein in den Grund! - was siehst du denn - was siehst du denn?" - Aber Veronika vermochte nicht zu antworten, unerachtet es ihr schien, als drehten sich allerlei verworrene Figuren im Kessel durcheinander; immer deutlicher und deutlicher gingen Gestalten hervor, und mit einemmal trat, sie freundlich anblickend und die Hand ihr reichend, der Student Anselmus aus der Tiefe des Kessels. Da rief sie laut: „Ach, der Anselmus! - der Anselmus!" - Rasch öffnete die Alte den am Kessel befindlichen Hahn, und glühendes Metall strömte zischend und prasselnd in eine kleine Form, die sie danebengestellt. Nun sprang das Weib auf und kreischte, mit wilder, gräßlicher Gebärde sich herumschwingend: „Vollendet ist das Werk - Dank dir, mein Junge! - hast Wache gehalten - Hui - Hui - er kommt! - beiß ihn tot - beiß ihn tot!" Aber da brauste es mächtig durch die Lüfte, es war, als rausche ein ungeheurer Adler herab, mit den Fittichen um sich schlangend, und es rief mit entsetzlicher Stimme: „Hei, hei! - ihr Gesindel! nun ist's aus - nun ist's aus - fort zu Haus!" Die Alte stürzte heulend nieder, aber der Veronika vergingen Sinn' und Gedanken. - Als sie wieder zu sich selbst kam, war es heller Tag geworden, sie lag in ihrem Bette, und Fränzchen stand mit einer Tasse dampfendem Tees vor ihr, da stehe ich nun schon eine Stunde oder länger vor dir, und du liegst wie in der Fieberhitze besinnungslos da und stöhnst und ächzest, daß uns angst und bange wird. Der Vater ist deinetwegen heute nicht in die Klasse gegangen und wird gleich mit dem Herrn Doktor hereinkommen." - Veronika nahm schweigend den Tee; indem sie ihn hinunterschlürfte, traten ihr die gräßlichen Bilder der Nacht lebhaft vor Augen. „So war denn wohl alles nur ein ängstlicher Traum, der mich gequält hat? - Aber ich bin doch gestern abend wirklich zur Alten gegangen, es war ja der dreiundzwangstigste September? - Doch bin ich wohl schon gestern recht krank geworden und habe mir das alles nur eingebildet, und nichts hat mich krank gemacht als das ewige Denken an den Anselmus und an die wunderliche alte Frau, die sich für die Liese ausgab und mich wohl nur damit geneckt hat." - Fränzchen, die hinausgegangen, trat wieder herein mit Veronikas ganz durchnäßtem Mantel in der Hand. „Sieh nur, Schwester," sagte sie, „wie es deinem Mantel ergangen ist; da hat der Sturm in der Nacht das Fenster aufgerissen und den Stuhl, auf dem der Mantel lag, umgeworfen; da hat es nun wohl hineingeregnet, denn der Mantel ist ganz naß." - Das fiel der Veronika schwer aufs Herz, denn sie merkte nun wohl, daß nicht ein Traum sie gequält, sondern daß sie wirklich bei der Alten gewesen. Da ergriff sie Angst und Grausen, und ein Fieberfrost zitterte durch alle Glieder. Im krampfhaften Erbeben zog sie die Bettdecke fest über sich; aber da fühlte sie, daß etwas Hartes ihre Brust drückte, und als sie mit der Hand danach faßte, schien es ein Medaillon zu sein; sie zog es hervor, als Fränzchen mit dem Mantel fortgegan-

leichte: schwache

Grund: Boden des Topfes
vermochte: konnte
unerachtet: obgleich   **verworrene:** unklare
deutlicher: klarer
gingen ... hervor: bildeten sich

Rasch: Schnell   **Hahn:** Ventil
glühendes: heißes
kreischte: schrie
gräßlicher: ekelhafter   **Vollendet:** beendet

brauste: lärmte
rausche: flöge
Fittichen: Flügeln   **entsetzlicher:** furchtbarer
Gesindel: Lumpenpack
ist's aus: ist es vorbei   **zu Haus:** nach Hause
vergingen: verlor   **zu sich selbst kam:** aufwachte

dampfendem: heißem

besinnungslos: bewußtlos   **stöhnst:** seufzst
angst und bange: Angst und Sorge

hinunterschlürfte: schnell trank

gequält: geplagt

eingebildet: geträumt

ausgab: zu erkennen gab   **geneckt:** zum Narren gehalten
ganz durchnäßtem: vollkommen nassem

ergangen: geschehen   **aufgerissen:** aufgesperrt

fiel ... schwer aufs Herz: erschrak

ergriff sie: überkam ihr

fühlte: spürte
faßte: griff   **Medaillon:** Schmuckanhänger

gen, und es war ein kleiner runder, hell polierter Metallspiegel. „Das ist ein Geschenk der Alten," rief sie lebhaft, und es war, als schössen feurige Strahlen aus dem Spiegel, die in ihr Innerstes drangen und es wohltuend erwärmten. Der Fieberfrost war vorüber, und es durchströmte sie ein unbeschreibliches Gefühl von Behaglichkeit und Wohlsein. - An den Anselmus mußte sie denken, und als sie immer fester und fester den Gedanken auf ihn richtete, da lächelte er ihr freundlich aus dem Spiegel entgegen wie ein lebhaftes Miniaturporträt. Aber bald war es ihr, als sähe sie nicht mehr das Bild - nein! - sondern den Studenten Anselmus selbst leibhaftig. Er saß in einem hohen, seltsam ausstaffierten Zimmer und schrieb emsig. Veronika wollte zu ihm hintreten, ihn auf die Schulter klopfen und sprechen: „Herr Anselmus, schauen Sie doch um sich, ich bin ja da!" Aber das ging durchaus nicht an, denn es war, als umgäbe ihn ein leuchtender Feuerstrom, und wenn Veronika recht genau hinsah, waren es doch nur große Bücher mit vergoldetem Schnitt. Aber endlich gelang es der Veronika, den Anselmus ins Auge zu fassen; da war es, als müsse er im Anschauen sich erst auf sie besinnen, doch endlich lächelte er und sprach: „ Ach! - sind Sie es, liebe Mademoiselle Paulmann! Aber warum belieben Sie sich denn zuweilen als ein Schlänglein zu gebürden?" Veronika mußte über diese seltsamen Worte laut auflachen; darüber erwachte sie wie aus einem tiefen Traume, und sie verbarg schnell den kleinen Spiegel, als die Tür aufging und der Konrektor Paulmann mit dem Doktor Eckstein ins Zimmer kam.

Aber auch der Doktor kann nicht feststellen, was der Veronika denn wohl eigentlich fehlen möge.

Achte Vigilie

Der Student Anselmus hat nun schon mehrere Tage bei dem Archivarius gearbeitet und fühlt ein gewisses Wohlbehagen. Alle Kopien gelingen ihm perfekt und Lindhorst ist sehr zufrieden mit ihm und führt Anselmus heute in das azurblaue Zimmer, in dem er vor einiger Zeit den goldenen Topf entdeckt hatte. Dieser ist jetzt aber verschwunden und an seiner Stelle steht ein mit Samt bezogener Tisch, worauf alle Materialien liegen, die der Student braucht, um mit dem Kopieren fortzufahren. Lindhorst gibt ihm nun ein ganz besonderes Pergament und weist ihn darauf hin, daß er weiterhin größte Aufmerksamkeit walten lassen müsse, wenn er sich nicht ins Verderben stürzen will. Kein falscher Strich, kein Tintenfleck darf auf den Kopien erscheinen! Dann verschwindet der Archivarius wieder.

Die wunderbare Musik des Gartens tönt zu ihm herüber, und er liest die Überschrift der Pergamentrolle „Von der Vermählung des Salamanders mit der grünen Schlange." Plötzlich hört er einen starken Dreiklang heller Kristallglocken und entdeckt am Stamm des Palmenbaumes, der neben ihm steht, eine kleine grüne Schlange, die sich durch die Dornen schlängelt.

„Serpentina! holde Serpentina!" rief Anselmus wie im Wahnsinn

hell polierter: glänzend geputzter

wohltuend: angenehm **vorüber:** verschwunden
durchströmte: durchfloß **Behaglichkeit:** Zufriedenheit

leibhaftig: in Person
ausstaffierten: eingerichteten

ging ... an: gelang **umgäbe:** umhülle
Feuerstrom: heißer Fluß **recht:** ziemlich
vergoldetem Schnitt: goldenen Seitenrändern
ins Auge zu fassen: zu erblicken
besinnen: überlegen

belieben: möchten **zuweilen:** manchmal

verbarg: versteckte

feststellen: erkennen
fehlen möge: welche Krankheit sie hatte

Wohlbehagen: Zufriedenheit

vor einiger Zeit: neulich **entdeckt:** gesehen
Samt: Velour

fortzufahren: weiterzumachen
Pergament: Papier
walten lassen: schenken **Verderben:** Unglück

Überschrift: Titel **Vermählung:** Hochzeit

Dreiklang: harmonischen Akkord

holde: liebliche **Wahnsinn:** Verrücktheit

des höchsten Entzückens, denn sowie er schärfer hinblickte, da war es ja ein liebliches herrliches Mädchen, die mit den dunkelblauen Augen, wie sie in seinem Innern lebten, voll unaussprechlicher Sehnsucht ihn anschauend, ihm entgegenschwebte. Die Blätter schienen sich herabzulassen und auszudehnen, überall sproßten Stacheln aus den Stämmen, aber Serpentina wand und schlängelte sich geschickt durch, indem sie ihr flatterndes, wie in schillernden Farben glänzendes Gewand nach sich zog, so daß es, sich dem schlanken Körper anschmiegend, nirgends hängenblieb an den hervorragenden Spitzen und Stacheln der Palmbäume. Sie setzte sich neben dem Anselmus auf denselben Stuhl, ihn mit dem Arm umschlingend und an sich drückend, so daß er den Hauch, der von ihren Lippen strömte, die elektrische Wärme ihres Körpers fühlte. „Lieber Anselmus", fing Serpentina an, „nun bist du bald ganz mein, durch deinen Glauben, durch deine Liebe erringst du mich, und ich bringe dir den goldnen Topf, der uns beide beglückt immerdar." - „O du holde, liebe Serpentina," sagte Anselmus, „wenn ich nur dich habe, was kümmert mich sonst alles übrige; wenn du nur mein bist, so will ich gern untergehen in all dem Wunderbaren und Seltsamen, was mich befängt seit dem Augenblick, als ich dich sah." „Ich weiß wohl," fuhr Serpentina fort, „daß das Unbekannte und Wunderbare, womit mein Vater oft nur zum Spiel seiner Laune dich umfangen, Grausen und Entsetzen in dir erregt hat, aber jetzt soll es, wie ich hoffe, nicht wieder geschehen, denn ich bin in diesem Augenblick nur da, mein lieber Anselmus, alles und jedes aus tiefem Gemüte, aus tiefer Seele haarklein zu erzählen, was dir zu wissen nötig, um meinen Vater ganz zu kennen und überhaupt recht deutlich einzusehen, was es mit ihm und mit mir für eine Bewandtnis hat." - Dem Anselmus war es, als sei er von der holden, lieblichen Gestalt so ganz und gar umschlungen und umwunden, daß er sich nur mit ihr regen und bewegen könne, und als sei es nur der Schlag ihres Pulses, der durch seine Fibern und Nerven zitterte; er horchte auf jedes ihrer Worte, das bis in sein Innerstes hinein erklang und wie ein leuchtender Strahl die Wonne des Himmels in ihm entzündete. Er hatte den Arm um ihren schlanker als schlanken Leib gelegt, aber der schillernde, glänzende Stoff ihres Gewandes war so glatt, so schlüpfrig, daß es ihm schien, als könne sie, sich ihm schnell entwindend, unaufhaltsam entschlüpfen, und er erbebte bei dem Gedanken. „Ach, verlaß mich nicht, holde Serpentina," rief er unwillkürlich aus, „nur du bist mein Leben!" - „Nicht eher heute," sagte Serpentina, „als bis ich alles erzählt habe, was du in der Liebe zu mir begreifen kannst. - Wisse also, Geliebter, daß mein Vater aus dem wunderbaren Geschlecht der Salamander abstammt und daß ich mein Dasein seiner Liebe zur grünen Schlange verdanke. In uralter Zeit herrschte in dem Wunderlande Atlantis der mächtige Geisterfürst Phosphorus, dem die Elementargeister dienten. Einst ging der Salamander, den er vor allen liebte (es war mein Vater), in dem prächtigen Garten, den des Phosphorus Mutter mit ihren schönsten Gaben auf das herrlich-

Entzückens: Begeisterung   **sowie:** sobald

Sehnsucht: Verlangen
entgegenschwebte: entgegenflog
herabzulassen: senken   **auszudehnen:** zu verbreiten
geschickt: kunstfertig
flatterndes: im Winde wehendes
Gewand: Kleid   **nach sich:** hinter sich her
anschmiegend: anliegend

umschlingend: umarmend
Hauch: Atem

erringst: gewinnst
beglückt: glücklich macht   **immerdar:** für ewig
kümmert: interessiert
übrige: andere
untergehen: sterben   **befängt:** fesselt

Unbekannte: Fremde
Spiel seiner Laune: um sich zu vergnügen
Entsetzen: Schrecken   **erregt:** hervorgerufen

Gemüte: Herzen
haarklein: in allen Einzelheiten
ganz: genau   **deutlich:** klar
Bewandtnis: Bedeutung
Gestalt: Figur
umwunden: gefesselt   **regen:** rühren

Fibern: Gewebe   **zitterte:** vibrierte

Wonne: Freude   **entzündete:** erregte
schlanker als schlanken: mehr als schlanken
Gewandes: Kleides   **schlüpfrig:** rutschig
entwindend: befreiend
entschlüpfen: entkommen   **erbebte:** erzitterte
unwillkürlich: plötzlich
eher heute: bevor
begreifen: verstehen
wunderbaren: fantastischen
Salamander: Molch   **abstammt:** herkömmlich ist
uralter Zeit: Antike   **herrschte:** regierte
Geisterfürst: Oberhaupt der Geister
Einst: Einmal
vor allen: am meisten   **prächtigen:** wunderschönen

ste geschmückt hatte, umher und hörte, wie eine hohe Lilie in leisen Tönen sang: „Drücke fest die Äuglein zu, bis mein Geliebter, der Morgenwind, dich weckt." Er trat hinzu; von seinem glühenden Hauch berührt, erschloß die Lilie ihre Blätter, und er erblickte der Lilie Tochter, die grüne Schlange, welche in dem Kelch schlummerte. Da wurde der Salamander von heißer Liebe zu der schönen Schlange ergriffen, und er raubte sie der Lilie, deren Düfte in namenloser Klage vergebens im ganzen Garten nach der geliebten Tochter riefen. Denn der Salamander hatte sie in das Schloß des Phosphorus getragen und bat ihn: „Vermähle mich mit der Geliebten, denn sie soll mein eigen sein immerdar." „Törichter, was verlangst du!" sprach der Geisterfürst, „wisse, daß einst die Lilie meine Geliebte war und mit mir herrschte, aber der Funke, den ich in sie warf, drohte sie zu vernichten, und nur der Sieg über den schwarzen Drachen, den jetzt die Erdgeister in Ketten gebunden halten, erhielt die Lilie, daß ihre Blätter stark genug blieben, den Funken in sich zu schließen und zu bewahren. Aber wenn du die grüne Schlange umarmst, wird deine Glut den Körper verzehren und ein neues Wesen, schnell emporkeimend, sich dir entschwingen." Der Salamander achtete der Warnung des Geisterfürsten nicht; voll glühenden Verlangens schloß er die grüne Schlange in seine Arme, sie zerfiel in Asche, und ein geflügeltes Wesen, aus der Asche geboren, rauschte fort durch die Lüfte. Da ergriff den Salamander der Wahnsinn der Verzweiflung, und er rannte, Feuer und Flammen sprühend, durch den Garten und verheerte ihn in wilder Wut, daß die schönsten Blumen und Blüten verbrannt niedersanken und ihr Jammer die Luft erfüllte. Der hocherzürnte Geisterfürst erfaßte im Grimm den Salamander und sprach: „Ausgeraset hat dein Feuer - erloschen sind deine Flammen, erblindet deine Strahlen - sinke hinab zu den Erdgeistern, die mögen dich necken und höhnen und gefangen halten, bis der Feuerstoff sich wieder entzündet und mit dir als einem neuen Wesen aus der Erde emporstrahlt." Der arme Salamander sank erloschen hinab, aber da trat der alte mürrische Erdgeist, der des Phosphorus Gärtner war, hinzu und sprach: „Herr! wer sollte mehr über den Salamander klagen als ich! - Habe ich nicht all die schönen Blumen, die er verbrannt, mit meinen schönsten Metallen geputzt, habe ich nicht ihre Keime wacker gehegt und gepflegt und an ihnen manche schöne Farbe verschwendet? - und doch nehme ich mich des armen Salamanders an, der nur die Liebe, von der du selbst schon oft, o Herr, befangen, zur Verzweiflung getrieben, in der er den Garten verwüstet. - Erlasse ihm die zu harte Strafe!" - „Sein Feuer ist für jetzt erloschen," sprach der Geisterfürst, „in der unglücklichen Zeit, wenn die Sprache der Natur dem entarteten Geschlecht der Menschen nicht mehr verständlich sein, wenn die Elementargeister, in ihre Regionen gebannt, nur aus weiter Ferne in dumpfen Anklängen zu dem Menschen sprechen werden, wenn, dem harmonischen Kreise entrückt, nur ein unendliches Sehnen ihm die dunkle Kunde von dem wundervollen Reiche geben wird, das er

geschmückt: verschönert   hohe: hochgewachsene
Äuglein: kleinen Augen
trat hinzu: näherte sich   glühenden: heißen
Hauch: Atem   erschloß: öffnete
schlummerte: schlief

raubte: entführte
namenloser: unbeschreiblicher

Vermähle: Verheirate
immerdar: für immer   Törichter: Dummkopf

herrschte: regierte   Funke: Feuer
drohte: verursachte fast   vernichten: töten
Drachen: Monster   Erdgeister: Geister der Erde

bewahren: konservieren
Glut: Feuer   verzehren: verbrennen
emporkeimend: heranwachsend
achtete: beachtete   Warnung: Drohung
zerfiel in Asche: verbrannte
geflügeltes: mit Flügeln versehenes
Wahnsinn der Verzweiflung: wurde verrückt vor Desperation

verheerte: zerstörte   Wut: Zorn
niedersanken: niederfielen   Jammer: Klagen
hocherzürnte: furiose   erfaßte: packte
Ausgeraset: Erloschen
erblindet: kraftlos   sinke: falle
mögen: sollen   necken: auslachen
entzündet: zum Brennen kommt

mürrische: mißmutige

klagen: erzürnt sein

wacker: sorgfältig
verschwendet: vergeudet

befangen: ergriffen   getrieben: gebracht
verwüstet: zerstört   Erlasse: Begnadige

entarteten: degenerierten
Geschlecht: Familie
gebannt: gefangen
dumpfen: harten   Anklängen: Tönen
entrückt: entfernt   Sehnen: Verlangen
Kunde: Ankündigung

sonst bewohnen durfte, als noch Glaube und Liebe in seinem Gemüte wohnten - in dieser unglücklichen Zeit entzündet sich der Feuerstoff des Salamanders aufs neue, doch nur zum Menschen keimt er empor und muß, ganz eingehend in das dürftige Leben, dessen Bedrängnisse ertragen. Aber nicht allein die Erinnerung an seinen Urzustand soll ihm bleiben, sondern er lebt auch wieder auf in der heiligen Harmonie mit der ganzen Natur, er versteht ihre Wunder, und die Macht der verbrüderten Geister steht ihm zu Gebote. In einem Lilienbusch findet er dann die grüne Schlange wieder, und die Frucht seiner Vermählung mit ihr sind drei Töchter, die den Menschen in der Gestalt der Mutter erscheinen. Zur Frühlingszeit sollen sie sich in den dunklen Holunderbusch hängen und ihre lieblichen Kristallstimmen ertönen lassen. Findet sich dann in der dürftigen armseligen Zeit der innern Verstocktheit ein Jüngling, der ihren Gesang vernimmt, ja, blickt ihn eine der Schlänglein mit ihren holdseligen Augen an, entzündet der Blick in ihm die Ahnung des fernen wundervollen Landes, zu dem er sich mutig emporschwingen kann, wenn er die Bürde des Gemeinen abgeworfen, keimt mit der Liebe zur Schlange in ihm der Glaube an die Wunder der Natur, ja an seine Existenz in diesen Wundern glutvoll und lebendig auf, so wird die Schlange sein. Aber nicht eher, bis drei Jünglinge dieser Art erfunden und mit den drei Töchtern vermählt werden, darf der Salamander seine lästige Bürde abwerfen und zu seinen Brüdern gehen." „Erlaube, Herr," sagte der Erdgeist, „daß ich diesen drei Töchtern ein Geschenk mache, das ihr Leben mit dem gefundenen Gemahl verherrlicht. Jede erhält von mir einen Topf vom schönsten Metall, das ich besitze, den poliere ich mit Strahlen, die ich dem Diamant entnommen; in seinem Glanze soll sich unser wundervolles Reich, wie es jetzt im Einklang mit der ganzen Natur besteht, in blendendem herrlichen Widerschein abspiegeln, aus seinem Innern aber in dem Augenblick der Vermählung eine Feuerlilie entsprießen, deren ewige Blüte den bewährt befundenen Jüngling süß duftend umfängt. Bald wird er dann ihre Sprache, die Wunder unseres Reichs verstehen und selbst mit der Geliebten in Atlantis wohnen." - Du weißt nun wohl, lieber Anselmus, daß mein Vater eben der Salamander ist, von dem ich dir erzähle. Er mußte, seiner höheren Natur unerachtet, sich den kleinlichsten Bedrängnissen des gemeinen Lebens unterwerfen, und daher kommt wohl oft die schadenfrohe Laune, mit der er manchen neckt. Er hat mir oft gesagt, daß für die innere Geistesbeschaffenheit, wie sie der Geisterfürst Phosphorus damals als Bedingnis der Vermählung mit mir und meinen Schwestern aufgestellt, man jetzt einen Ausdruck habe, der aber nur zu oft unschicklicherweise gemißbraucht werde; man nenne das nämlich ein kindliches poetisches Gemüt. - Oft finde man dieses Gemüt bei Jünglingen, die der hohen Einfachheit ihrer Sitten wegen und weil es ihnen ganz an der sogenannten Weltbildung fehle, von dem Pöbel verspottet würden. Ach; lieber Anselmus! - Du verstandest ja unter dem Holunderbusch meinen Gesang - meinen Blick - du liebst die grüne Schlange, du glaub-

sonst: früher **Gemüte:** Herzen
unglücklichen: traurigen **entzündet:** entbrennt
aufs neue: wieder
keimt ... empor: wächst er auf
Bedrängnisse: Not **ertragen:** aushalten
Urzustand: ehemaligen Situation
lebt ... auf: erholt sich
zu Gebote: zur Verfügung

Vermählung: Ehe
Gestalt: Figur **erscheinen:** präsentieren

dürftigen: notleidenden
innern: inneren **Verstocktheit:** Sturheit
vernimmt: hört **holdseligen:** lieblichen
Ahnung: Vermutung
emporschwingen: aufsteigen
Bürde: Last **Gemeinen:** Gewöhnlichen

glutvoll: heiß
eher: bevor **erfunden:** gefunden
vermählt: verheiratet
lästige: beschwerliche **Bürde:** Last

Gemahl: Ehemann **verherrlicht:** verschönert

besitze: habe

Einklang: Harmonie **besteht:** exsistiert
Widerschein: Reflex **Augenblick:** Moment
Vermählung: Hochzeit
bewährt: geeignet **befundenen:** beurteilten

eben: genau
unerachtet: trotz
kleinlichsten: gewöhnlichsten
schadenfrohe: boshafte **Laune:** Stimmung
neckt: auslacht
Bedingnis: Kondition
Vermählung: Heirat **aufgestellt:** gemacht
Ausdruck: Begriff
kindliches: naives
Gemüt: Charakter
Einfachheit: Naivität **Sitten:** Bräuche
Weltbildung: Kultur **Pöbel:** Gesindel

st an mich und willst mein sein immerdar! - Die schöne Lilie wird emporblühen aus dem goldnen Topf, und wir werden vereint glücklich und selig in Atlantis wohnen! - Aber nicht verhehlen kann ich dir, daß im gräßlichen Kampf mit den Salamandern und Erdgeistern sich der schwarze Drache loswand und durch die Lüfte davonbrauste. Phosphorus hält ihn zwar wieder in Banden, aber aus den schwarzen Federn, die im Kampfe auf die Erde stäubten, keimten feindliche Geister empor, die überall den Salamandern und Erdgeistern widerstreben. Jenes Weib, das dir so feindlich ist, lieber Anselmus, und die, wie mein Vater recht gut weiß, nach dem Besitz des goldnen Topfes strebt, hat ihr Dasein der Liebe einer solchen aus dem Fittich des Drachen herabgestäubten Feder zu einer Runkelrübe zu verdanken. Sie erkennt ihren Ursprung und ihre Gewalt, denn in dem Stöhnen, in den Zuckungen des gefangenen Drachen werden ihr die Geheimnisse mancher wundervollen Konstellation offenbar, und sie bietet alle Mittel auf, von außen hinein ins Innere zu wirken, wogegen sie mein Vater mit den Blitzen, die aus dem Innern des Salamanders hervorschießen, bekämpft. Alle feindlichen Prinzipe, die in schädlichen Kräutern und giftigen Tieren wohnen, sammelt sie und erregt, sie mischend in günstiger Konstellation, manchen bösen Spuk, der des Menschen Sinne mit Grauen und Entsetzen befängt und ihn der Macht jener Dämonen, die der Drache, im Kampfe unterliegend, erzeugte, unterwirft. Nimm dich vor der Alten in acht, lieber Anselmus, sie ist dir feind, weil dein kindlich frommes Gemüt schon manchen ihrer bösen Zauber vernichtet. - Halte treu - treu - an mir, bald bist du am Ziel!" „O meine - meine Serpentina!" - rief der Student Anselmus, „wie sollte ich denn nur von dir lassen können, wie sollte ich dich nicht lieben ewiglich!" - Ein Kuß brannte auf seinem Munde, er erwachte wie aus einem tiefen Traume, Serpentina war verschwunden, es schlug sechs Uhr, da fiel es ihm schwer aufs Herz, daß er nicht das mindeste kopiert habe; er blickte voll Besorgnis, was der Archivarius wohl sagen werde, auf das Blatt, und, o Wunder! die Kopie des geheimnisvollen Manuskripts war glücklich beendigt, und er glaubte, schärfer die Züge betrachtend, Serpentinas Erzählung von ihrem Vater, dem Liebling des Geisterfürsten Phosphorus im Wunderlande Atlantis, abgeschrieben zu haben Jetzt trat der Archivarius Lindhorst in seinem weißgrauen Überrock, den Hut auf dem Kopfe, den Stock in der Hand, herein; er sah in das von dem Anselmus beschriebene Pergament, nahm eine große Prise und sagte lächelnd: „Das dacht' ich wohl! - Nun! hier ist der Speziestaler, Herr Anselmus, jetzt wollen wir noch nach dem Linkischen Bade gehen - nur mir nach!" - Der Archivarius schritt rasch durch den Garten, in dem ein solcher Lärm von Singen, Pfeifen, Sprechen durcheinander war, daß der Student Anselmus ganz betäubt wurde und dem Himmel dankte, als er sich auf der Straße befand. Kaum waren sie einige Schritte gegangen, als sie dem Registrator Heerbrand begegneten, der freundlich sich anschloß. Vor dem Tore stopften sie die mitgenommenen Pfeifen; der Registrator

immerdar: für immer
vereint: zusammen
verhehlen: verheimlichen
gräßlichen: furchtbaren
loswand: befreite
in Banden: gefangen
stäubten: fielen

keimten: wuchsen

widerstreben: verdrießen
recht gut: sehr gut
Dasein: Leben
herabgestäubten: herabgefallenen
Ursprung: Herkunft
Stöhnen: Seufzen
Geheimnisse: Mysterien
bietet ... auf: wendet ... an

Weib: Frau
strebt ... nach: kämpft um

Gewalt: Herrschaft
Zuckungen: Krämpfen
Konstellation: Situation
wirken: agieren

schädlichen: giftigen
erregt: feuert ... an
Grauen: Schrecken
befängt: ergreift
unterliegend: besiegt

erzeugte: herstellte

Zauber: Magie

vernichtet: zerstört hat

ewiglich: für immer

fiel es ihm schwer aufs Herz: machte er sich Vorwürfe

Besorgnis: Befürchtung

glücklich: perfekt
betrachtend: ansehend
abgeschrieben: kopiert

schärfer: genauer

Pergament: Papier
Prise: Schnupftabak
dacht': dachte
mir nach: folgen Sie mir
schritt: ging

rasch: schnell

betäubt: berauscht

begegneten: trafen

anschloß: mitging

Heerbrand beklagte, kein Feuerzeug bei sich zu tragen, da rief der Archivarius Lindhorst ganz unwillig: „Was Feuerzeug! - hier ist Feuer, so viel Sie wollen!" Und damit schnippte er mit den Fingern, aus denen große Funken strömten, die die Pfeifen schnell anzündeten. „Sehen Sie das chemische Kunststückchen," sagte der Registrator Heerbrand, aber der Student Anselmus dachte nicht ohne inneres Erbeben an den Salamander. - Im Linkischen Bade trank der Registrator Heerbrand so viel starkes Doppelbier, daß er, sonst ein gutmütiger stiller Mann, anfing, in einem quäkenden Tenor Burschenlieder zu singen, jeden hitzig fragte, ob er sein Freund sei oder nicht, und endlich von dem Studenten Anselmus zu Hause gebracht werden mußte, als der Archivarius Lindhorst schon längst auf und davon war.

Neunte Vigilie

Das Seltsame und Wundervolle, das dem Studenten Anselmus begegnet war, entführt ihn vollkommen vom gewöhnlichen Leben.

Er denkt nur an seine holde Serpentina und doch kommt ihm manchmal unwillkürlich Veronika in den Sinn und dabei hat er manchmal das Verlangen, sich von der Wunderwelt loszureißen.

Ein Spaziergang führt ihn in die Nähe des Hauses, wo Veronika wohnt und, vielleicht gerade zufällig, begegnet ihm der Konrektor Paulmann. Er kann nicht umhin, dessen Einladung zu folgen und Veronika empfängt ihn mit Freuden. Auch er erwidert ihre Zärtlichkeiten, aber immer wieder fällt er in Trance und weiß nicht recht, ob er Serpentina oder Veronika um sich hat.

Der Konrektor läßt Anselmus an diesem Tage nicht fort, so daß er nicht, wie täglich, zum Archivarius geht. Der Punsch, der ihm von Veronika serviert wird, hat seine Wirkung und Anselmus erzählt von dem geheimnisvollen Archivarius alles, was ihm Serpentina anvertraut hatte. Auch der Registrator Heerbrand ist anwesend und bestätigt alles. Man kommt auch auf die alte Liese zu sprechen und von ihrer Macht, die sie allerlei feindlichen Kreaturen verdankt. Veronika ist verzweifelt und verteidigt die Alte. Plötzlich erscheint ein kleines Männlein, vom Archivarius entsandt, in der Tür. Er bringt die Botschaft, daß der Archivarius heute vergeblich auf Anselmus gewartet habe und ihn morgen zur gleichen Stunde, wie immer, erwarte. Anselmus rennt wie irrsinnig zur Tür heraus und geht nach Hause.

Als er sich am nächsten Tage beim Archivarius präsentiert, sieht ihn dieser mit ganz merkwürdigem Lächeln an. Der Student setzt sich sogleich, um mit dem Kopieren zu beginnen, als er vor sich auf dem Pergament fast unmöglich zu kopierende Motive sieht. Er will es trotzdem versuchen, aber die Tinte will nicht fließen und als er die Feder ungeduldig ausspritzt, fällt ein großer Klecks auf das Original. Alles um ihn herum verändert sich, die Palmen werden zu Riesenschlangen und umwinden Anselmus. Ein Feuerstrom umgibt ihn, er fühlt sich gefesselt und verliert die Besinnung. Als er wieder zu sich

beklagte: bedauerte
unwillig: schlechtgelaunt
schnippte: knallte

Erbeben: Erzittern
sonst: gewöhnlich
stiller: ruhiger   **anfing:** begann
hitzig: nervös
zu Hause: nach Hause

begegnet: geschehen   **vollkommen:** komplett

unwillkürlich: plötzlich
Verlangen: Wunsch   **loszureißen:** zu entfernen

zufällig: ungewollt
umhin: anders   **zu folgen:** anzunehmen
erwidert: reagiert auf   **Zärtlichkeiten:** Liebkosungen
Trance: schlafähnlichen Zustand

fort: weggehen
Punsch: heiße Rumgetränk
Wirkung: Effekt
anvertraut: im Geheimen erzählt

verteidigt: nimmt ... in Schutz
entsandt: geschickt
vergeblich: umsonst

irrsinnig: verrückt

merkwürdigem: seltsamem
sogleich: sofort
Motive: Schriftzeichen

Klecks: Fleck

gefesselt: gebunden   **Besinnung:** Sinne

kommt, sitzt er in einer Kristallflasche im Bibliothekszimmer des Archivarius.

Zehnte Vigilie

Wenn sicher auch kein Leser jemals in einer Kristallflasche ein-gesperrt gewesen sein dürfte, sollte er einmal die Phantasie spielen lassen.

- Du bist von blendendem Glanze dicht umflossen, alle Gegen-stände ringsumher erscheinen dir von strahlenden Regenbogen-farben erleuchtet und umgeben - alles zittert und wankt und dröhnt im Schimmer - du schwimmst regungs- und bewegungslos wie in einem festgefrorenen Äther, der dich einpreßt, so daß der Geist ver-gebens dem toten Körper gebietet. Immer gewichtiger und gewichti-ger drückt die zentnerschwere Last deine Brust - immer mehr und mehr zehrt jeder Atemzug die Lüftchen weg, die im engen Raum noch auf und nieder wallten - deine Pulsadern schwellen auf, und von gräßlicher Angst durchschnitten, zuckt jeder Nerv im Todes-kampfe blutend. - Habe Mitleid, günstiger Leser, mit dem Studenten Anselmus, den diese namenlose Marter in seinem gläsernen Gefäng-nisse ergriff; aber er fühlte wohl, daß der Tod ihn nicht erlösen könne, denn erwachte er nicht aus der tiefen Ohnmacht, in die er im Übermaß seiner Qual versunken, als die Morgensonne in das Zimmer hell und freundlich hineinschien, und fing seine Marter nicht von neuem an? - Er konnte kein Glied regen, aber seine Gedanken schlu-gen an das Glas, ihn im mißtönenden Klange betäubend, und er ver-nahm statt der Worte, die der Geist sonst aus dem Innern gesprochen, nur das dumpfe Brausen des Wahnsinns. - Da schrie er auf in Ver-zweiflung: „O Serpentina - Serpentina, rette mich von dieser Höllen-qual!" Und es war, als umwehten ihn leise Seufzer, die legten sich um die Flasche wie grüne durchsichtige Holunderblätter, das Tönen hörte auf, der blendende verwirrende Schein war verschwunden, und er atmete freier. „Bin ich denn nicht an meinem Elende lediglich selbst schuld, ach! habe ich nicht gegen dich selbst, holde, geliebte Serpentina, gefrevelt? - habe ich nicht schnöde Zweifel gegen dich gehegt? habe ich nicht den Glauben verloren und mit ihm alles, alles, was mich hoch beglücken sollte? - Ach, du wirst nun wohl nimmer mein werden, für mich ist der goldne Topf verloren, ich darf seine Wunder nimmermehr schauen. Ach, nur ein einziges Mal möchte ich dich sehen, deine holde süße Stimme hören, liebliche Serpentina!" - So klagte der Student Anselmus, von tiefem schnei-dendem Schmerz ergriffen, da sagte jemand dicht neben ihm: „Ich weiß gar nicht, was Sie wollen, Herr Studiosus, warum lamentieren Sie so über alle Maßen?" - Der Student Anselmus wurde gewahr, daß neben ihm auf demselben Repositorium noch fünf Flaschen standen, in welchen er drei Kreuzschüler und zwei Praktikanten erblickte. - „Ach, meine Herren und Gefährten im Unglück," rief er aus, „wie ist es Ihnen denn möglich, so gelassen, ja so vergnügt zu

68

jemals: irgendwann   **eingesperrt:** gefangen

blendendem: leuchtendem
Regenbogenfarben: Farben eines Regenbogens
zittert: vibriert   **wankt:** taumelt
Schimmer: Glanz
festgefrorenen: vereisten   **Äther:** Luft
gebietet: zur Verfügung steht

zehrt: nimmt
wallten: bewegten   **schwellen auf:** werden dick
gräßlicher: furchtbarer   **zuckt:** krampft sich
blutend: verletzt
namenlose: unbeschreibliche
erlösen: retten
Ohnmacht: Bewußtlosigkeit
Übermaß: Exzeß   **Qual:** Martyriums

regen: bewegen
mißtönenden: dissonanten   **betäubend:** berauschend
sonst: gewöhnlich
Brausen: Wüten   **Wahnsinns:** Irrsinnes
Verzweiflung: Hoffnungslosigkeit
umwehten: umschwebten   **Seufzer:** Stöhnen
durchsichtige: transparente
verwirrende: irritierende
Elende: Qual   **lediglich:** allein

gefrevelt: gesündigt   **schnöde:** infame

nimmer: niemals
schauen: sehen

schneidendem: stechendem
ergriffen: gequält   **dicht:** nahe
lamentieren: klagen
über alle Maßen: übertrieben

erblickte: sah   **Gefährten:** Kameraden
gelassen: ruhig   **vergnügt:** lustig

sein, wie ich es an Ihren heitern Mienen bemerke? - Sie sitzen ja
doch ebenso gut eingesperrt in gläsernen Flaschen als ich und können sich nicht regen und bewegen, ja nicht einmal was Vernünftiges
denken, ohne daß ein Mordlärm entsteht mit Klingen und Schallen
und ohne daß es Ihnen im Kopfe ganz schrecklich saust und braust.
Aber Sie glauben gewiß nicht an den Salamander und an die grüne
Schlange." „Sie faseln wohl, mein Herr Studiosus," erwiderte ein
Kreuzschüler, „nie haben wir uns besser befunden als jetzt, denn die
Speziestaler, welche wir von dem tollen Archivarius erhalten für
allerlei konfuse Abschriften, tun uns wohl; wir dürfen jetzt keine ita-
lienische Chöre mehr auswendig lernen, wir gehen jetzt alle Tage zu
Josephs oder sonst in andere Kneipen, lassen uns das Doppelbier
wohlschmecken, sehen auch wohl einem hübschen Mädchen in die
Augen, singen wie wirkliche Studenten „Gaudeamus igitur" und
sind seelenvergnügt." - „Die Herren haben ganz recht," fiel ein
Praktikant ein, „auch ich bin mit Speziestalern reichlich versehen,
wie hier mein teurer Kollege nebenan, und spaziere fleißig auf dem
Weinberg, statt bei der leidigen Aktenschreiberei zwischen vier
Wänden zu sitzen." „Aber meine besten, wertesten Herren!" sagte
der Student Anselmus, „spüren Sie es denn nicht, daß Sie alle samt
und sonders in gläsernen Flaschen sitzen und sich nicht regen und
bewegen, viel weniger umherspazieren können?" - Da schlugen die
Kreuzschüler und die Praktikanten eine helle Lache auf und schrien;
„Der Studiosus ist toll, er bildet sich ein, in einer gläsernen Flasche
zu sitzen, und steht auf der Elbbrücke und sieht gerade hinein ins
Wasser. Gehen wir nur weiter!" „Ach," seufzte der Student, „die
schauten niemals die holde Serpentina, sie wissen nicht, was Frei-
heit und Leben in Glauben und Liebe ist, deshalb spüren sie nicht
den Druck des Gefängnisses, in das sie der Salamander bannte ihrer
Torheit, ihres gemeinen Sinnes wegen, aber ich Unglücklicher
werde vergehen in Schmach und Elend, wenn sie, die ich so unaus-
sprechlich liebe, mich nicht rettet." - Da wehte und säuselte Serpentinas Stimme durch das Zimmer: „Anselmus! - glaube, liebe, hoffe!"
- Und jeder Laut strahlte in das Gefängnis des Anselmus hinein, und
das Kristall mußte seiner Gewalt weichen und sich ausdehnen, daß
die Brust des Gefangenen sich regen und erheben konnte! - Immer
mehr verringerte sich die Qual seines Zustandes, und er merkte
wohl, daß ihn Serpentina noch liebe und daß nur sie es sei, die ihm
den Aufenthalt in dem Kristall erträglich mache. Er bekümmerte
sich nicht mehr um seine leichtsinnigen Unglücksgefährten, sondern
richtete Sinn und Gedanken nur auf die holde Serpentina. - Aber
plötzlich entstand von der andern Seite her ein dumpfes widriges
Gemurmel. Er konnte bald deutlich bemerken, daß dies Gemurmel
von einer alten Kaffeekanne mit halbzerbrochenem Deckel herrührte, die ihm gegenüber auf einem kleinen Schrank hingestellt war.
Sowie er schärfer hinschaute, entwickelten sich immer mehr die gar-
stigen Züge eines alten verschrumpften Weibergesichts, und bald
stand das Äpfelweib vom Schwarzen Tor vor dem Repositorium. Sie

heitern: fröhlichen   **Mienen:** Gesichtsausdrücken

Mordlärm: großer Lärm
schrecklich: furchtbar   **saust und braust:** tobt

faseln: träumen
befunden: gefühlt
tollen: irren
allerlei: verschiedenartige   **konfuse:** verwirrt
auswendig: aus dem Gedächtnis
Kneipen: Lokale
hübschen: schönen

reichlich: ausreichend   **versehen:** ausgerüstet

leidigen: unangenehmen

spüren: merken   **samt und sonders:** alle
gläsernen Flaschen: Glasflaschen

toll: verrückt   **bildet sich ein:** glaubt
Elbbrücke: Brücke über der Elbe
seufzte: stöhnte
schauten: sahen

Druck: Enge   **bannte:** gefangen nahm
Torheit: Dummheit
vergehen: untergehen   **Schmach:** Schande

Laut: Ton
weichen: nachgeben   **ausdehnen:** weiter werden
regen: bewegen
verringerte: reduzierte   **Zustandes:** Situation

Aufenthalt: Gefangenschaft   **bekümmerte:** interessierte
leichtsinnigen: sorglosen
richtete: lenkte
widriges: unangenehmes
Gemurmel: Geräusch
herrührte: kam

schärfer: genauer   **entwickelten:** erschienen

grinsete und lachte ihn an und rief mit gellender Stimme: „Ei, ei, Kindchen! - mußt du nun ausharren? - Ins Kristall nun dein Fall! - hab ich dir's nicht längst vorausgesagt?" „Höhne und spotte nur, du verdammtes Hexenweib," sagte der Student Anselmus, „du bist schuld an allem, aber der Salamander wird dich treffen, du schnöde Runkelrübe!" - „Ho, ho!" erwiderte die Alte, „nur nicht so stolz! Du hast meinen Söhnlein ins Gesicht getreten, du hast mir die Nase verbrannt, aber doch bin ich dir gut, du Schelm, weil du sonst ein artiger Mensch warst, und mein Töchterchen ist dir auch gut. Aus dem Kristall kommst du aber nun einmal nicht, wenn ich dir nicht helfe; hinauflangen zu dir kann ich nicht, aber meine Frau Gevatterin, die Ratte, welche gleich über dir auf dem Boden wohnt, die soll das Brett entzweinagen, auf dem du stehst, dann purzelst du hinunter, und ich fange dich auf in der Schürze, damit du dir die Nase nicht zerschlägst, sondern fein dein glattes Gesichtlein erhältst, und ich trage dich flugs zur Mamsell Veronika, die mußt du heiraten, wenn du Hofrat worden." „Laß ab von mir, Satans-Geburt," schrie der Student Anselmus voller Grimm, „nur deine höllischen Künste haben mich zu dem Frevel gereizt, den ich nun abbüßen muß. - Aber geduldig ertrage ich alles, denn nur hier kann ich sein, wo die holde Serpentina mich mit Liebe und Trost umfängt! - Hör es, Alte, und verzweifle! Trotz biete ich deiner Macht, ich liebe ewiglich nur Serpentina - ich will nie Hofrat werden - nie die Veronika schauen, die mich durch dich zum Bösen verlockt! - Kann die grüne Schlange nicht mein werden, so will ich untergehen in Sehnsucht und Schmerz! - Hebe dich weg - hebe dich weg - du schnöder Wechselbalg!" - Da lachte die Alte auf, daß es im Zimmer gellte, und rief: „So sitze denn und verderbe, aber nun ist's Zeit, ans Werk zu gehen, denn mein Geschäft hier ist noch von anderer Art." - Sie warf den schwarzen Mantel ab und stand da in ekelhafter Nacktheit, dann fuhr sie in Kreisen umher, und große Folianten stürzten herab, aus denen riß sie Pergamentblätter, und diese im künstlichen Gefüge schnell zusammenheftend und auf den Leib ziehend, war sie bald wie in einen seltsamen bunten Schuppenharnisch gekleidet. Feuersprühend sprang der schwarze Kater aus dem Tintenfasse, das auf dem Schreibtische stand, und heulte der Alten entgegen, die laut aufjubelte und mit ihm durch die Tür verschwand. Anselmus merkte, daß sie nach dem blauen Zimmer gegangen, und bald hörte er es in der Ferne zischen und brausen, die Vögel im Garten schrien, der Papagei schnarrte: „Rette - rette - Raub - Raub!" - In dem Augenblick kam die Alte ins Zimmer zurückgesprungen, den goldnen Topf auf dem Arm tragend und mit gräßlicher Gebärde wild durch die Lüfte schreiend: „Glück auf! - Glück auf! - Söhnlich - töte die grüne Schlange! auf, Söhnlein, auf!" - Es war dem Anselmus, als höre er ein tiefes Stöhnen, als höre er Serpentinas Stimme. Da ergriff ihn Entsetzen und Verzweiflung. - Er raffte alle seine Kraft zu sammen, er stieß mit Gewalt, als sollten Nerven und Adern zerspringen, gegen das Kristall - ein schneidender Klang fuhr durch das Zimmer, und der Archivarius stand in der Tür

grinsete: lächelte schadenfroh
ausharren: aushalten
längst: vor langer Zeit
verdammtes: verfluchtes   **Hexenweib:** Zauberin

treffen: verletzen   **schnöde:** ekelhafte
stolz: eingebildet   **Söhnlein:** kleiner Sohn
Schelm: Spitzbube
sonst: eigentlich   **artiger:** braver

Gevatterin: Verwandte   **Ratte:** Nagetier
Brett: Holzbrett   **entzweinagen:** durchfressen
Schürze: Rock
zerschlägst: verletzt   **fein:** schön
erhältst: bleibt   **flugs:** schnell
worden: geworden bist
Grimm: Zorn   **höllischen:** teuflischen
Frevel: Sünde   **gereizt:** verführt

umfängt: umgibt
verzweifle: gebe alle Hoffnung auf

schauen: sehen   **verlockt:** verführt hat
untergehen: sterben   **Sehnsucht:** Verlangen
Hebe dich weg: Verschwinde
gellte: schallte
verderbe: verrecke
Geschäft: Aufgabe
ekelhafter: widerlicher
Folianten: Bücher
Gefüge: Zusammensetzen
Leib: Körper   **ziehend:** legend
Schuppenharnisch: Rüstung aus Schuppen

heulte: jaulte   **aufjubelte:** jauchzte

zischen: fauchen
Augenblick: Moment

gräßlicher: furchtbarer   **Gebärde:** Geste

Stöhnen: Seufzen
Verzweiflung: Hoffnungslosigkeit
mit Gewalt: mit aller Kraft

in seinem glänzenden damastnen Schlafrock: „Hei, hei! Gesindel, toller Spuk - Hexenwerk - hieher - heisa!" So schrie er. Da richteten sich die schwarzen Haare der Alten wie Borsten empor, ihre glutroten Augen erglänzten von höllischem Feuer, und die spitzigen Zähne des weiten Rachens zusammenbeißend, zischte sie: „Frisch - frisch 'raus - zisch aus, zisch aus", und lachte und meckerte höhnend und spottend und drückte den goldnen Topf fest an sich und warf daraus Fäuste voll glänzender Erde auf den Archivarius, aber sowie die Erde den Schlafrock berührte, wurden Blumen daraus, die herabfielen. Da flackerten, und flammten die Lilien des Schlafrocks empor, und der Archivarius schleuderte die in knisterndem Feuer brennenden Lilien auf die Hexe, die vor Schmerz heulte; aber indem sie in die Höhe sprang und den pergamentnen Harnisch schüttelte, verlöschten die Lilien und zerfielen in Asche. „Frisch darauf, mein Junge!" kreischte die Alte, da fuhr der Kater auf in die Luft und brauste fort nach der Tür über den Archivarius, aber der graue Papagei flatterte ihm entgegen und faßte ihn mit dem krummen Schnabel im Genick, daß rotes feuriges Blut ihm aus dem Halse stürzte, und Serpentinas Stimme rief: „Gerettet! - gerettet!" - Die Alte sprang voller Wut und Verzweiflung auf den Archivarius los, sie warf den Topf hinter sich und wollte, die langen Finger der dürren Fäuste emporspreizend, den Archivarius umkrallen, aber dieser riß schnell den Schlafrock herunter und schleuderte ihn der Alten entgegen. Da zischten und sprühten und brausten blaue knisternde Flammen aus den Pergamentblättern und die Alte wälzte sich im heulenden Jammer und trachtete immer mehr (Erde) aus dem Topfe zu greifen, immer mehr Pergamentblätter aus den Büchern zu erhaschen, um die lodernden Flammen zu ersticken, und wenn es ihr gelang, Erde oder Pergamentblätter auf sich zu stürzen, verlöschte das Feuer. Aber nun fuhren wie aus dem Innern des Archivarius flackernde zischende Strahlen auf die Alte. „Hei, hei! drauf und dran - Sieg dem Salamander!" dröhnte die Stimme des Archivarius durch das Zimmer, und hundert Blitze schlängelten sich in feurigen Kreisen um die kreischende Alte. Sausend und brausend fuhren in wütendem Kampfe Kater und Papagei umher, aber endlich schlug der Papagei mit den starken Fittichen den Kater zu Boden, und mit den Krallen ihn durchspießend und festhaltend, daß er in der Todesnot gräßlich heulte und ächzte, hackte er ihm mit dem scharfen Schnabel die glühenden Augen aus, daß der brennende Gischt herausspritzte. - Dicker Qualm strömte da empor, wo die Alte, zur Erde niedergestürzt, unter dem Schlafrock gelegen, ihr Geheul, ihr entsetzliches schneidendes Jammergeschrei verhallte in weiter Ferne. Der Rauch, der sich mit durchdringendem Gestank verbreitet, verdampfte, der Archivarius hob den Schlafrock auf, und unter demselben lag eine garstige Runkelrübe. „Verehrter Herr Archivarius, hier bringe ich den überwundenen Feind," sprach der Papagei, indem er dem Archivarius Lindhorst ein schwarzes Haar im Schnabel darreichte. „Sehr gut, mein Lieber", antwortete der Archivarius, „hier liegt auch meine

Gesindel: Lumpenpack   **toller:** irrer

Borsten: Stacheln   **empor:** auf
höllischem: teuflischem   **spitzigen:** spitzen

Fäuste: Hände
Erde: Sand   **sowie:** sobald
wurden ... daraus: verwandelten sich in
flackerten: loderten
schleuderte: warf

pergamentnen: aus Papier   **Harnisch:** Körperschutz
kreischte: schrie
nach der Tür: zur Tür
flatterte: flog
faßte: hackte   **krummen:** gebogenen
stürzte: floß

dürren: mageren   **Fäuste:** Hände
umkrallen: mit den Fingernägeln greifen
schleuderte: warf

wälzte sich: rollte sich   **Jammer:** Klagerufen

erhaschen: durch rasches Zugreifen fassen
ersticken: löschen
stürzen: werfen

Sieg: Triumpf
dröhnte: donnerte
schlängelten sich ... um: umgaben

zu Boden: nieder   **Krallen:** Nägeln
Todesnot: Todeskampf   **gräßlich:** furchtbar
ächzte: seufzte   **glühenden:** feurigen
Gischt: Schaum   **Qualm:** Rauch
niedergestürzt: gefallen
Geheul: Geschreie
Jammergeschrei: Klagerufe **verhallte:** verklang
durchdringendem: starkem
garstige: häßliche
überwundenen: besiegten

darreichte: gab

überwundene Feindin, besorgen Sie gütigst nunmehr das übrige; noch heute erhalten Sie als ein kleines Douceur sechs Kokosnüsse und eine neue Brille, da, wie ich sehe, der Kater Ihnen die Gläser schändlich zerbrochen." „Lebenslang der Ihrige, verehrungswürdiger Freund und Gönner!" versetzte der Papagei sehr vergnügt, nahm die Runkelrübe in den Schnabel und flatterte damit zum Fenster hinaus, das ihm der Archivarius Lindhorst geöffnet. Dieser ergriff den goldnen Topf und rief stark: „Serpentina, Serpentina!" - Aber wie nun der Student Anselmus, hoch erfreut über den Untergang des schnöden Weibes, das ihn ins Verderben gestürzt, den Archivarius anblickte, da war es wieder die hohe majestätische Gestalt des Geisterfürsten, die mit unbeschreiblicher Anmut und Würde zu ihm hinaufschaute. - „Anselmus," sprach der Geisterfürst, „nicht du, sondern nur ein feindliches Prinzip, das zerstörend in dein Inneres zu dringen und dich mit dir selbst zu entzweien trachtete, war schuld an deinem Unglauben. - Du hast deine Treue bewährt, sei frei und glücklich." Ein Blitz zuckte durch das Innere des Anselmus, der herrliche Dreiklang der Kristallglocken ertönte stärker und mächtiger, als er ihn je vernommen - seine Fibern und Nerven erbebten - aber immer mehr anschwellend, dröhnte der Akkord durch das Zimmer, das Glas, welches den Anselmus umschlossen, zersprang, und er stürzte in die Arme der holden, lieblichen Serpentina.

Elfte Vigilie

„Aber sagen Sie mir nur, wertester Registrator, wie uns gestern der vermaledeite Punsch so in den Kopf steigen und zu allerlei Allotriis treiben konnte?" - Dies sprach der Konrektor Paulmann, indem er am andern Morgen in das Zimmer trat, das noch voll zerbrochener Scherben lag und in dessen Mitte die unglückliche Perücke, in ihre ursprüngliche Bestandteile aufgelöst, im Punsche umherschwamm. Als der Student Anselmus zur Tür hinausgerannt war, kreuzten und wackelten der Konrektor Paulmann und der Registrator Heerbrand durch das Zimmer, schreiend wie Besessene und mit den Köpfen aneinander rennend, bis Fränzchen den schwindlichten Papa mit vieler Mühe ins Bett brachte und der Registrator in höchster Ermattung aufs Sofa sank, welches Veronika, ins Schlafzimmer flüchtend, verlassen. Der Registrator Heerbrand hatte sein blaues Schnupftuch um den Kopf gewickelt, sah ganz blaß und melancholisch aus und stöhnte: „Ach, werter Konrektor, nicht der Punsch, den Mamsell Veronika köstlich bereitet, nein! - sondern lediglich der verdammte Student ist an all dem Unwesen schuld. Merken Sie denn nicht, daß er schon längst mente captus ist? Aber wissen Sie denn nicht auch, daß der Wahnsinn ansteckt? - Ein Narr macht viele; verzeihen Sie, das ist ein altes Sprichwort; vorzüglich, wenn man ein Gläschen getrunken, da gerät man leicht in die Tollheit und manövriert unwillkürlich nach und bricht aus in die Exerzitia, die der verrückte Flügelmann vormacht. Glauben Sie denn, Konrektor,

Feindin: Gegnerin

Gläser: Brillengläser
Lebenslang: Für immer
Gönner: Wohltäter
flatterte: flog
ergriff: nahm
stark: laut
hoch erfreut: glücklich
Verderben: Abgrund

Anmut: Charme

entzweien: zu teilen
bewährt: bewiesen
Dreiklang: Harmonie
ertönte: erklang
Fibern: Gewebe

umschlossen: gefangen hielt

gütigst: bitte

schändlich: niederträchtig

versetzte: sagte

Untergang: Tod
anblickte: ansah

Würde: Vornehmheit

Unglauben: Zweifel
Blitz: Feuer

stärker: lauter
erbebten: erzitterten

vermaledeite: verfluchte
Allotriis: Unfug
andern: nächsten
Scherben: Reste
ursprüngliche: primären

Punsch: heißes Rumgetränk
treiben: führen

Bestandteile: Komponenten

kreuzten und wackelten: gingen kreuz und quer
Besessene: Verrückte
aneinander: gegeneinander

Ermattung: Ermüdung
flüchtend: fliehend
Schnupftuch: Taschentuch
stöhnte: seufzte
köstlich: exquisit
verdammte: verfluchte

sank: fiel

blaß: weiß

bereitet: zubereitet
Unwesen: Treiben

Wahnsinn: Irrsinn
vorzüglich: besonders
gerät: kommt
manövriert ... nach: ahmt ... nach
Flügelmann: Beispielgebende

ansteckt: übertragbar ist

Tollheit: Verrücktheit

daß mir noch ganz schwindlig ist, wenn ich an den grauen Papagei denke?" - „Ach was," fiel der Konrektor ein, „Possen! - es war ja der alte kleine Famulus des Archivarii, der einen grauen Mantel umgenommen und den Studenten Anselmus suchte." „Es kann sein," versetzte der Registrator Heerbrand, „aber ich muß gestehen, daß mir ganz miserabel zumute ist; die ganze Nacht über hat es so wunderlich georgelt und gepfiffen." - „Das war ich," antwortete der Konrektor; „ denn ich schnarche stark." - „Nun, mag das sein," fuhr der Registrator fort - „aber Konrektor, Konrektor! - nicht ohne Ursache hatte ich gestern dafür gesorgt, uns einige Fröhlichkeit zu bereiten - aber der Anselmus hat mir alles verdorben. - Sie wissen nicht - o Konrektor, Konrektor!" - Der Registrator Heerbrand sprang auf, riß das Tuch vom Kopfe, umarmte den Konrektor, drückte ihm feurig die Hand, rief noch einmal ganz herzbrechend: „O Konrektor, Konrektor!" und rannte, Hut und Stock ergreifend, schnell von dannen. „Der Anselmus soll mir nicht mehr über die Schwelle," sprach der Konrektor Paulmann zu sich selbst, „denn ich sehe nun wohl, daß er mit seinem verstockten innern Wahnsinn die besten Leute um ihr bißchen Vernunft bringt; der Registrator ist nun auch geliefert - ich habe mich bisher noch gehalten, aber der Teufel, der gestern im Rausch stark anklopfte, könnte doch wohl am Ende einbrechen und sein Spiel treiben. - Also *apage* Satanas! - fort mit dem Anselmus!" - Veronika war ganz tiefsinnig geworden, sie sprach kein Wort, lächelte nur zuweilen ganz seltsam und war am liebsten allein. „Die hat der Anselmus auch auf der Seele," sagte der Konrektor voller Bosheit, „aber es ist gut, daß er sich gar nicht sehen läßt, ich weiß, daß er sich vor mir fürchtet - der Anselmus, deshalb kommt er gar nicht her." Das letzte sprach der Konrektor Paulmann ganz laut, da stürzten der Veronika, die eben gegenwärtig, die Tränen aus den Augen, und sie seufzte: „Ach, kann denn der Anselmus herkommen? der ist ja schon längst in die gläserne Flasche eingesperrt." - „Wie? - Was?" - rief der Konrektor Paulmann. „Ach Gott - ach Gott, auch sie faselt schon wie der Registrator, es wird bald zum Ausbruch kommen. - Ach du verdammter, abscheulicher Anselmus!" - Er rannte gleich fort zum Doktor Eckstein, der lächelte und sagte wieder: „Ei, ei!" - Er verschrieb aber nichts, sondern setzte dem wenigen, was er geäußert, noch weggehend hinzu: „Nervenzufälle! - wird sich geben von selbst - in die Luft führen - spazieren fahren - sich zerstreuen - Theater - „Sonntagskind" - „Schwestern von Prag" - wird sich geben!" - „So beredt war der Doktor selten," dachte der Konrektor Paulmann, „ordentlich geschwätzig." - Mehrere Tage und Wochen und Monate waren vergangen, der Anselmus war verschwunden, aber auch der Registrator Heerbrand ließ sich nicht sehen, bis am vierten Februar, da trat er in einem neuen modernen Kleide vom besten Tuch, in Schuhen und seidenen Strümpfen, des starken Frostes unerachtet, einen großen Strauß lebendiger Blumen in der Hand, mittags Punkt zwölf Uhr in das Zimmer des Konrektors Paulmann, der nicht wenig über seinen geputzten Freund erstaunte.

schwindlig: betäubt
Possen: Unsinn
Famulus: Assistent

versetzte: sagte
miserabel: schlecht   **zumute ist:** fühle
georgelt: geschrien
schnarche: mache Geräusche beim Schlafen
Ursache: Grund
Fröhlichkeit: Heiterkeit
verdorben: verübelt

Tuch: Taschentuch
feurig: fest   **herzbrechend:** rührend
ergreifend: nehmend   **von dannen:** weg
über die Schwelle: ins Haus

verstockten: eigensinnigen   **Wahnsinn:** Verrücktheit
bißchen: wenig   **Vernunft:** Verstand
gehalten: kontrolliert
anklopfte: sich bemerkbar machte
fort: weg
tiefsinnig: traurig
zuweilen: ab und zu
auf der Seele: auf dem Gewissen
Bosheit: Zorn
fürchtet: Angst hat

stürzten: liefen   **gegenwärtig:** anwesend

eingesperrt: gefangen

faselt: redet Unsinn
verdammter: verfluchter   **abscheulicher:** ekelhafter

verschrieb nichts: gab kein Medikament
geäußert: gesagt   **Nervenzufälle:** Nervenanfälle
wird sich ... geben: wird vergehen
sich zerstreuen: Abwechslung suchen
beredt: redelustig
ordentlich: richtig   **geschwätzig:** redselig

Tuch: Stoff   **seidenen:** aus Seide
Frostes: Kälte   **unerachtet:** nicht beachtend

geputzten: eleganten

Feierlich schritt der Registrator Heerbrand auf den Konrektor Paulmann los, umarmte ihn mit feinem Anstande und sprach dann: „Heute an dem Namenstage Ihrer lieben verehrten Mamsell Tochter Veronika will ich denn nun alles gerade heraussagen, was mir längst auf dem Herzen gelegen! Damals, an dem unglücklichen Abend, als ich die Ingredienzen zu dem verderblichen Punsch in der Tasche meines Matins herbeitrug, hatte ich es im Sinn, eine freudige Nachricht Ihnen mitzuteilen und den glückseligen Tag in Fröhlichkeit zu feiern, schon damals hatte ich es erfahren, daß ich Hofrat worden, über welche Standeserhöhung ich jetzt das Patent cum nomine et sigillo principis erhalten und in der Tasche trage." - „Ach, ach! Herr Registr- Herr Hofrat Heerbrand, wollte ich sagen", stammelte der Konrektor. - „Aber Sie, verehrter Konrektor," fuhr der nunmehrige Hofrat Heerbrand fort, „Sie können erst mein Glück vollenden. Schon längst habe ich die Mamsell Veronika im stillen geliebt und kann mich manches freundlichen Blickes rühmen, den sie mir zugeworfen und der mir deutlich gezeigt, daß sie mir wohl nicht abhold sein dürfte. Kurz, verehrter Konrektor! - ich, der Hofrat Heerbrand, bitte um die Hand Ihrer liebenswürdigen Demoiselle Tochter Veronika, die ich, haben Sie nichts dagegen, in kurzer Zeit heimzuführen gedenke." - Der Konrektor Paulmann schlug voller Verwunderung die Hände zusammen und rief: „Ei - Ei - Ei - Herr Registr- Herr Hofrat, wollte ich sagen, wer hätte das gedacht! - Nun, wenn Veronika Sie in der Tat liebt, ich meinesteils habe nichts dagegen; vielleicht ist auch ihre jetzige Schwermut nur eine versteckte Verliebtheit in Sie, verehrter Hofrat! man kennt ja die Possen." - In dem Augenblick trat Veronika herein, blaß und verstört, wie sie jetzt gewöhnlich war. Da schritt der Hofrat Heerbrand auf sie zu, erwähnte in wohlgesetzter Rede ihres Namenstages und überreichte ihr den duftenden Blumenstrauß nebst einem kleinen Päckchen, aus dem ihr, als sie es öffnete, ein Paar glänzende Ohrgehänge entgegenstrahlten. Eine schnelle fliegende Röte färbte ihre Wangen, die Augen blitzten lebhafter, und sie rief: „Ei, mein Gott! das sind ja dieselben Ohrgehänge, die ich schon vor mehreren Wochen trug und mich daran ergötzte!" - „Wie ist denn das möglich," fiel der Hofrat Heerbrand etwas bestürzt und empfindlich ein, „da ich dieses Geschmeide erst seit einer Stunde in der Schloßgasse für schmähliches Geld erkauft?" - Aber die Veronika hörte nicht darauf, sondern stand schon vor dem Spiegel, um die Wirkung des Geschmeides, das sie bereits in die kleinen Öhrchen gehängt, zu erforschen. Der Konrektor Paulmann eröffnete ihr mit gravitätischer Miene und mit ernstem Ton die Standeserhöhung Freund Heerbrands und seinen Antrag. Veronika schaute den Hofrat mit durchdringendem Blick an und sprach: „Das wußte ich längst, daß Sie mich heiraten wollen. - Nun, es sei! - ich verspreche Ihnen Herz und Hand, aber ich muß Ihnen nur gleich - Ihnen beiden nämlich, dem Vater und dem Bräutigam, manches entdecken, was mir recht schwer in Sinn und Gedanken liegt - jetzt gleich, und sollte darüber die Suppe kalt werden, die,

Feierlich: Würdevoll   **schritt ... los:** ging zu
feinem: gutem   **Anstande:** Benehmen

gerade: offen
unglücklichen: fatalen
Ingredienzen: Zutaten
Matins: Morgenrockes   **im Sinn:** die Absicht
Fröhlichkeit: Heiterkeit
hatte ich erfahren: wußte ich
Standeserhöhung: Beförderung

stammelte: stotterte
nunmehrige: jetzige
vollenden: vollkommen machen
im stillen: insgeheim
rühmen: stolz sein
abhold: abgeneigt

heimzuführen: zu heiraten
gedenke: beabsichtige

in der Tat: wirklich   **meinesteils:** von meiner Seite
Schwermut: Depression
Possen: Unsinn
blaß: bleich   **verstört:** verwirrt
erwähnte: sprach ... von
wohlgesetzter: gut geformter
nebst: mit
Ohrgehänge: Ohrringe
fliegende: leichte   **Wangen:** Gesicht
lebhafter: erfreuter

ergötzte: erfreute
bestürzt: erschrocken   **empfindlich:** gereizt
schmähliches: viel
erkauft: gekauft habe
Wirkung: Effekt
erforschen: sehen
eröffnete ihr: informierte sie
Standeserhöhung: Beförderung
durchdringendem: intensivem
längst: seit langem

gleich: sofort   **Bräutigam:** Verlobten
entdecken: erklären   **Sinn und Gedanken:** Kopf
und sollte darüber: auch wenn inzwischen

wie ich sehe, Fränzchen soeben auf den Tisch setzt." Ohne des Konrektors und des Hofrats Antwort abzuwarten, unerachtet ihnen sichtlich die Worte auf den Lippen schwebten, fuhr Veronika fort: „Sie können es mir glauben, bester Vater, daß ich den Anselmus recht von Herzen liebte, und als der Registrator Heerbrand, der nunmehr selbst Hofrat worden, versicherte, der Anselmus könne es wohl zu se etwas bringen, beschloß ich, *er* und kein anderer solle mein Mann werden. Da schien es aber, als wenn fremde feindliche Wesen ihn mir entreißen wollten, und ich nahm meine Zuflucht zu der alten Liese, die ehemals meine Wärterin war und jetzt eine weise Frau, eine große Zauberin ist. *Die* versprach mir zu helfen und den Anselmus mir ganz in die Hände zu liefern. Wir gingen mitternachts in der Tag- und Nachtgleiche auf den Kreuzweg, sie beschwor die höllischen Geister, und mit Hilfe des Katers brachten wir einen kleinen Metallspiegel zustande, in den ich, meine Gedanken auf den Anselmus richtend, nur blicken durfte, um ihn ganz in Sinn und Gedanken zu beherrschen. - Aber ich bereue jetzt herzlich, das alles getan zu haben, ich schwöre allen Satanskünsten ab. Der Salamander hat über die Alte gesiegt, ich hörte ihr Jammergeschrei, aber es war keine Hilfe möglich; sowie sie als Runkelrübe vom Papagei verzehrt worden, zerbrach mit schneidendem Klange mein Metallspiegel." Veronika holte die beiden Stücke des zerbrochenen Spiegels und eine Locke aus dem Nähkästchen, und beides dem Hofrat Heerbrand hinreichend, fuhr sie fort: „Hier, nehmen Sie, geliebter Hofrat, die Stücke des Spiegels, werfen Sie sie heute nacht um zwölf Uhr von der Elbbrücke, und zwar von da, wo das Kreuz steht, hinab in den Strom, der dort nicht zugefroren, die Locke aber bewahren Sie auf treuer Brust. Ich schwöre nochmals allen Satanskünsten ab und gönne dem Anselmus herzlich sein Glück, da er nunmehr mit der grünen Schlange verbunden, die viel schöner und reicher ist als ich. Ich will Sie, geliebter Hofrat, als eine rechtschaffene Frau lieben und verehren!" - „Ach Gott! - - ach Gott," rief der Konrektor Paulmann voller Schmerz, „sie ist wahnsinnig, sie ist wahnsinnig - sie kann nimmermehr Frau Hofrat werden - sie ist wahnsinnig!" - „Mitnichten," fiel der Hofrat Heerbrand ein, „Ich weiß wohl, daß Mamsell Veronika einige Neigung für den vertrackten Anselmus gehegt, und es mag sein, daß sie vielleicht in einer gewissen Überspannung sich an die weise Frau gewendet, die, wie ich merke, wohl niemand anders sein kann als die Kartenlegerin und Kaffeegenießerin vor dem Seetor - kurz, die alte Rauerin. Nun ist auch nicht zu leugnen, daß es wirklich wohl gemeine Künste gibt, die auf den Menschen nur gar zu sehr ihren feindlichen Einfluß äußern, man lieset schon davon in den Alten, was aber Mamsell Veronika von dem Sieg des Salamanders und von der Verbindung des Anselmus mit der grünen Schlange gesprochen, ist wohl nur eine poetische Allegorie - gleichsam ein Gedicht, worin sie den gänzlichen Abschied von dem Studenten besungen." „Halten Sie das, wofür Sie wollen, bester Hofrat!" fiel Veronika ein, „vielleicht für einen recht albernen

soeben: gerade
unerachtet: obgleich
schwebten: standen

worden: geworden ist   **versicherte:** behauptete
zu so etwas bringen: so etwas erreichen
fremde: unbekannte   **feindliche:** gegnerische
entreißen: wegnehmen   **Zuflucht:** suchte Schutz
Wärterin: Kindermädchen   **weise:** kluge

Kreuzweg: wo sich die Geister treffen
brachten ... zustande: schafften

beherrschen: dominieren   **bereue:** bedauere
schwöre ... ab: verleugne   **Satanskünsten:** Zaubereien
Jammergeschrei: Klagerufe
sowie: sobald   **verzehrt:** gefressen
zerbrach: zersprang   **schneidendem:** lautem

Locke: Haarsträhne

von da: von der Stelle
Strom: Fluß   **zugefroren:** vereist

gönne: wünsche   **nunmehr:** jetzt
verbunden: zusammen ist

verehren: würdigen
wahnsinnig: verrückt
nimmermehr: niemals   **Mitnichten:** Nein

Neigung: Sympathie   **vertrackten:** komplizierten
mag: kann

Kartenlegerin: Chiromante
leugnen: abzustreiten
gemeine: bösartige
Einfluß: Wirkung   **äußern:** ausüben

Allegorie: Vorstellung   **gleichsam:** wie
Gedicht: Poesie   **gänzlichen:** endgültigen
Halten Sie das: Denken Sie darüber
albernen: dummen

Traum." - „Keineswegs tue ich das," versetzte der Hofrat Heerbrand, „denn ich weiß ja wohl, daß der Anselmus auch von geheimen Mächten befangen, die ihn zu allen möglichen tollen Streichen necken und treiben." Länger konnte der Konrektor Paulmann nicht an sich halten, er brach los: „Halt, um Gottes willen, halt! haben wir uns denn etwa wieder übernommen im verdammten Punsch, oder wirkt des Anselmi Wahnsinn auf uns? Herr Hofrat, was sprechen Sie denn auch wieder für Zeug? - Ich will indessen glauben, daß es die Liebe ist, die Euch in dem Gehirn spukt, das gibt sich aber bald in der Ehe, sonst wäre mir bange, daß auch *Sie* in einigen Wahnsinn verfallen, verehrungswürdiger Hofrat, und würde dann Sorge tragen wegen der Deszendenz, die das Malum der Eltern vererben könnte. - Nun; ich gebe meinen väterlichen Segen zu der fröhlichen Verbindung und erlaube, daß ihr euch als Braut und Bräutigam küsset." Dies geschah sofort, und es war, noch ehe die aufgetragene Suppe kalt worden, die förmliche Verlobung geschlossen. Wenige Wochen nachher saß die Frau Hofrätin Heerbrand wirklich, wie sie sich schon früher im Geiste erblickt, in dem Erker eines schönen Hauses auf dem Neumarkt und schaute lächelnd auf die Elegants hinab, die vorübergehend und hinauflorgnettierend sprachen: „Es ist doch eine göttliche Frau, die Hofrätin Heerbrand!" -

Zwölfte Vigilie

Wie fühlte ich recht in der Tiefe des Gemüts die hohe Seligkeit des Studenten Anselmus, der, mit der holden Serpentina innigst verbunden, nun nach dem geheimnisvollen wunderbaren Reiche gezogen war, das er für die Heimat erkannte, nach der sich seine von seltsamen Ahnungen erfüllte Brust schon so lange gesehnt. Aber vergebens blieb alles Streben, dir, günstiger Leser, all die Herrlichkeiten, von denen der Anselmus umgeben, auch nur einigermaßen in Worten auszudeuten. Mit Widerwillen gewahrte ich die Mattigkeit jedes Ausdrucks. Ich fühlte mich befangen in den Armseligkeiten des kleinlichen Alltagslebens, ich erkrankte in quälendem Mißbehagen, ich schlich umher wie ein Träumender, kurz, ich geriet in jenen Zustand des Studenten Anselmus, den ich dir, günstiger Leser, in der vierten Vigilie beschrieben. Ich härmte mich recht ab, wenn ich die eilf Vigilien, die ich glücklich zustande gebracht, durchlief und nun dachte, daß es mir wohl niemals vergönnt sein werde, die zwölfte als Schlußstein hinzuzufügen, denn so oft ich mich zur Nachtzeit hinsetzte, um das Werk zu vollenden, war es, als hielten mir recht tückische Geister (es mochten wohl Verwandte - vielleicht Cousins germains der getöteten Hexe sein) ein glänzend poliertes Metall vor, in dem ich mein Ich erblickte, blaß, übernächtigt und melancholisch wie der Registrator Heerbrand nach dem Punsch-Rausch. - Da warf ich dann die Feder hin und eilte ins Bett, um wenigstens von dem glücklichen Anselmus und der holden Serpentina zu träumen. So hatte das schon mehrere Tage und Nächte gedauert, als ich endlich

versetzte: sagte
geheimen: unbekannten
tollen: verrückten
an sich halten: ruhig bleiben

befangen: besessen
Streichen: Scherzen

übernommen: betrunken
Wahnsinn: Irrsinn
Zeug: Unsinn
Gehirn: Kopf
bange: angst
Sorge tragen: besorgt um
Deszendenz: Nachkommen
Verbindung: Union

wirkt: hat … Effekt

indessen: dagegen
spukt: herumspenstert

Malum: Böse

ehe: bevor
förmliche: offizielle
im Geiste erblickt: geträumt
Erker: am Haus hervorstehende Fensternische
vorübergehend: vorbeigehend
hinauflorgnettierend: nach oben schielend

aufgetragene: servierte

Gemüts: Herzens
innigst: eng
nach dem: in das
erkannte: hielt
Ahnungen: Vermutungen
Streben: Bemühen
einigermaßen: annähernd
auszudeuten: auszudrücken
befangen: eingeschüchtert
quälendem: plagendem
schlich: lief

Seligkeit: Glückseligkeit

seltsamen: merkwürdigen
erfüllte Brust: volles Herz
günstiger: lieber

Armseligkeiten: Elend
Mißbehagen: Unzufriedenheit
Zustand: Situation

beschrieben: dargestellt
eilf: elf
vergönnt sein: gelingen
Schlußstein: Abschluß
tückische: listige
Verwandte: Angehörige
getöteten: toten
blaß: bleich

glücklich: zufriedenstellend

Nachtzeit: in der Nacht

Hexe: Zauberin
übernächtigt: müde

ganz unerwartet von dem Archivarius Lindhorst ein Billett erhielt, worin er mir folgendes schrieb:

Ew. Wohlgeboren haben, wie mir bekannt worden, die seltsamen Schicksale meines guten Schwiegersohnes, des vormaligen Studenten, jetzigen Dichters Anselmus, in eilf Vigilien beschrieben und quälen sich jetzt sehr ab, in der zwölften und letzten Vigilie einiges von seinem glücklichen Leben in Atlantis zu sagen, wohin er mit meiner Tochter auf das hübsche Rittergut, welches ich dort besitze, gezogen. Unerachtet ich nun nicht eben gern sehe, daß Sie mein eigentliches Wesen der Lesewelt kundgetan, da er mich vielleicht in meinem Dienst als Geh. Archivarius tausend Unannehmlichkeiten aussetzen, ja wohl gar im Kollegio die zu ventilierende Frage veranlassen wird, inwiefern wohl ein Salamander sich rechtlich und mit verbindenden Folgen als Staatsdiener eidlich verpflichten könne und inwiefern ihm überhaupt solide Geschäfte anzuvertrauen, da nach Gabalis und Swedenborg den Elementargeistern durchaus nicht zu trauen - unerachtet nun meine besten Freunde meine Umarmung scheuen werden, aus Furcht, ich könnte in plötzlichem Übermut was weniges blitzen und ihnen Frisur und Sonntagsfrack verderben - unerachtet alles dessen, sage ich, will ich Ew. Wohlgeboren doch in der Vollendung des Werks behilflich sein, da darin viel Gutes von mir und von meiner lieben verheirateten Tochter (ich wollte, ich wäre die beiden übrigen auch schon los) enthalten. Wollen Sie daher die zwölfte Vigilie schreiben, so steigen Sie Ihre verdammten fünf Treppen hinunter, verlassen Sie Ihr Stübchen und kommen Sie zu mir. Im blauen Palmbaumzimmer, das Ihnen schon bekannt, finden Sie die gehörigen Schreibmaterialien, und Sie können dann mit wenigen Worten den Lesern kundtun, was Sie geschaut, das wird Ihnen besser sein als eine weitläufige Beschreibung eines Lebens, das Sie ja doch nur vom Hörensagen kennen. Mit Achtung

Ew. Wohlgeboren
ergebenster
der Salamander Lindhorst,
p.t. Königl. Geh.Archivarius.

Dies freilich etwas rauhe, aber doch freundschaftliche Billett des Archivarius Lindhorst war mir höchst angenehm. Zwar schien es gewiß, daß der wunderliche Alte von der seltsamen Art, wie mir die Schicksale seines Schwiegersohns bekannt worden, die ich, zum Geheimnis verpflichtet, dir selbst, günstiger Leser, verschweigen mußte, wohl unterrichtet sei, aber er hatte das nicht so übel vermerkt, als ich wohl befürchten konnte. Er bot ja selbst hilfreiche Hand, mein Werk zu vollenden, und daraus konnte ich mit Recht schließen, wie er im Grunde genommen damit einverstanden sei, daß seine wunderliche Existenz in der Geisterwelt durch den Druck bekannt werde. „Es kann sein," dachte ich, „daß er selbst die Hoffnung daraus schöpft, desto eher seine beiden noch übrigen Töchter an den Mann zu bringen, denn vielleicht fällt doch ein

Billett: Schreiben

Schwiegersohnes: Ehemann meiner Tochter
Dichters: Poeten   **beschrieben:** dargestellt
quälen sich ... ab: haben jetzt Mühe

hübsche: schöne   **Rittergut:** Landgut
Unerachtet: Obgleich   **eben:** gerade
eigentliches: wahres   **Wesen:** Charakter
Unannehmlichkeiten: Ärger
aussetzen: bereiten   **ventilierende:** stellende
inwiefern: wieso
verbindenden Folgen: verbundenen Konsequenzen
solide: wichtige
Elementargeistern: Geistern der Erde
unerachtet: obgleich
scheuen: ablehnen   **Furcht:** Angst
Übermut: Raptus   **weniges:** etwas
verderben: ruinieren   **unerachtet:** abgesehen

beiden übrigen: beiden anderen Töchter

verdammten: verfluchten   **Stübchen:** kleines Zimmer
Palmbaumzimmer: Zimmer mit Palmen
gehörigen: notwendigen
kundtun: erzählen   **geschaut:** gesehen
besser sein: mehr helfen   **weitläufige:** lange

freilich: wohl   **rauhe:** grobe
höchst: sehr
gewiß: sicher   **wunderliche:** seltsame

günstiger: lieber   **verschweigen:** geheimhalten
unterrichtet: informiert   **übel:** schlimm

im Grunde: eigentlich
Druck: Buch

schöpft: wiedergewinnt   **desto eher:** umso schneller
an den Mann zu bringen: zu verheiraten

Funke in dieses oder jenes Jünglings Brust, der die Sehnsucht nach der grünen Schlange entzündet, welche er dann in dem Holunderbusch am Himmelfahrtstage sucht und findet. Aus dem Unglück, das den Anselmus betroffen, als er in die gläserne Flasche gebannt wurde, wird er die Warnung entnehmen, sich vor jedem Zweifel, vor jedem Unglauben recht ernstlich zu hüten." Punkt eilf Uhr löschte ich meine Studierlampe aus und schlich zum Archivarius Lindhorst, der mich schon auf dem Flur erwartete. „Sind Sie da - Hochverehrter! - nun, das ist mir lieb, daß Sie meine guten Absichten nicht verkennen - kommen Sie nur!" - Und damit führte er mich durch den von blendendem Glanze erfüllten Garten in das azurblaue Zimmer, in welchem ich den violetten Schreibtisch erblickte, an welchem der Anselmus gearbeitet. - Der Archivarius Lindhorst verschwand, erschien aber gleich wieder mit einem schönen goldnen Pokal in der Hand, aus dem eine blaue Flamme hoch emporknisterte. „Hier," sprach er, „bringe ich Ihnen das Lieblingsgetränk Ihres Freundes, des Kapellmeisters Johannes Kreisler. - Es ist angezündeter Arrak, in den ich einigen Zucker geworfen. Nippen Sie was weniges davon, ich will gleich meinen Schlafrock abwerfen und zu meiner Lust und um, während Sie sitzen und schauen und schreiben, Ihrer werten Gesellschaft zu genießen, in dem Pokale auf- und niedersteigen." - „Wie es Ihnen gefällig ist, verehrter Herr Archivarius," versetzte ich, „aber wenn ich nun von dem Getränk genießen will, werden Sie nicht -" „Tragen Sie keine Sorge, mein Bester", rief der Archivarius, warf den Schlafrock schnell ab, stieg zu meinem nicht geringen Erstaunen in den Pokal und verschwand in den Flammen. - Ohne Scheu kostete ich, die Flamme leise weghauchend, von dem Getränk, es war köstlich!

Rühren sich nicht in sanftem Säuseln und Rauschen die smaragden Blätter der Palmbäume, wie vom Hauch des Morgenwindes geliebkost? - Erwacht aus dem Schlafe, heben und regen sie sich und flüstern geheimnisvoll von den Wundern, die wie aus weiter Ferne holdselige Harfentöne verkünden! - Das Azur löst sich von den Wänden und wallt wie duftiger Nebel auf und nieder, aber blendende Strahlen schießen durch den Duft, der sich wie in jauchzender kindischer Lust wirbelt und dreht und aufsteigt bis zur unermeßlichen Höhe, die sich über den Palmbäumen wölbt. - Aber immer blendender häuft sich Strahl auf Strahl, bis in hellem Sonnenglanze sich der unabsehbare Hain aufschließt, in dem ich den Anselmus erblicke. - Glühende Hyazinthen und Tulipanen und Rosen erheben ihre schönen Häupter, und ihre Düfte rufen in gar lieblichen Lauten dem Glücklichen zu: „Wandle, wandle unter uns, Geliebter, der du uns verstehst - unser Duft ist die Sehnsucht der Liebe - wir lieben dich und sind dein immerdar! - Die goldnen Strahlen brennen in glühenden Tönen: wir sind Feuer, von der Liebe entzündet. - Der Duft ist die Sehnsucht, aber Feuer das Verlangen, und wohnen wir nicht in deiner Brust? wir sind ja dein eigen!" Es rischeln und rau-

Jünglings: jungen Mannes   **Sehnsucht:** Verlangen

betroffen: widerfahren   **gebannt:** gefangen
Warnung: Drohung
zu hüten: abzusehen
schlich: ging leise
Flur: Korridor

verkennen: mißverstehen

erblickte: sah

erschien: kam
Pokal: Kelch

Kapellmeisters: Dirigenten
Arrak: Branntwein   **Nippen:** Kosten
abwerfen: ausziehen

Wie es Ihnen gefällig ist: Wie Sie wollen
versetzte: sagte   **genießen:** trinken
Tragen: Haben

Scheu: Furcht   **leise:** leicht
köstlich: exquisit

Rühren: Bewegen   **sanftem:** leisem

geliebkost: geküßt
Wundern: Zauber
holdselige: liebliche   **verkünden:** hören lassen
wallt: zieht

kindischer: naiver   **unermeßlichen:** unendlichen

blendender: grellender   **häuft sich:** folgen
unabsehbare: nicht zu erkennende

Häupter: Köpfe   **gar:** sehr
Wandle: Bewege dich
Sehnsucht: Verlangen
immerdar: für immer

Brust: Herzen

schen die dunklen Büsche - die hohen Bäume: „Komme zu uns! - Glücklicher - Geliebter! - Feuer ist das Verlangen, aber Hoffnung unser kühler Schatten! wir umsäuseln liebend dein Haupt, denn du verstehst uns, weil die Liebe in deiner Brust wohnet." Die Quellen und Bäche plätschern und sprudeln: „Geliebter, wandle nicht so schnell vorüber, schaue in unser Kristall - dein Bild wohnt in uns, das wir liebend bewahren, denn du hast uns verstanden!" - Im Jubelchor zwitschern und singen bunte Vögelein: „Höre uns, höre uns, wir sind die Freunde, die Wonne, das Entzücken der Liebe!" - Aber sehnsuchtsvoll schaut Anselmus nach dem herrlichen Tempel, der sich in weiter Ferne erhebt. Die künstlichen Säulen scheinen Bäume und die Kapitäler und Gesimse Akanthusblätter, die in wundervollen Gewinden und Figuren herrliche Verzierungen bilden. Anselmus schreitet dem Tempel zu, er betrachtet mit innerer Wonne den bunten Marmor, die wunderbar bemoosten Stufen. „Ach nein," ruft er wie im Übermaß des Entzückens, „sie ist nicht mehr fern!" Da tritt in hoher Schönheit und Anmut Serpentina aus dem Innern des Tempels, sie trägt den goldnen Topf, aus dem eine herrliche Lilie entsprossen. Die namenlose Wonne der unendlichen Sehnsucht glüht in den holdseligen Augen, so blickt sie den Anselmus an, sprechend: „Ach, Geliebter! die Lilie hat ihren Kelch erschlossen - das Höchste ist erfüllt, gibt es denn eine Seligkeit, die der unsrigen gleicht?" Anselmus umschlingt sie mit der Inbrunst des glühendsten Verlangens - die Lilie brennt in flammenden Strahlen über seinem Haupte. Und lauter regen sich die Bäume und die Büsche, und heller und freudiger jauchzen die Quellen - die Vögel - allerlei bunte Insekten tanzen in den Luftwirbeln - ein frohes, freudiges, jubelndes Getümmel in der Luft - in den Wässern - auf der Erde feiert das Fest der Liebe! - Da zucken Blitze überall leuchtend durch die Büsche - Diamanten blicken wie funkelnde Augen aus der Erde! - hohe Springbäche strahlen aus den Quellen - seltsame Düfte wehen mit rauschendem Flügelschlag daher - es sind die Elementargeister, die der Lilie huldigen und des Anselmus Glück verkünden. - Da erhebt Anselmus das Haupt wie vom Strahlenglanz der Verklärung umflossen. - Sind es Blicke? - sind es Worte? - ist es Gesang? - Vernehmlich klingt es: „Serpentina - der Glaube an dich, die Liebe hat mir das Innerste der Natur erschlossen! - Du brachtest mir die Lilie, die aus dem Golde, aus der Urkraft der Erde, noch ehe Phosphorus den Gedanken entzündete, entsproß - sie ist die Erkenntnis des heiligen Einklangs aller Wesen, und in dieser Erkenntnis lebe ich in höchster Seligkeit immerdar. - Ja, ich Hochbeglückter habe das Höchste erkannt - ich muß dich lieben ewiglich, o Serpentina! - nimmer verbleichen die goldnen Strahlen der Lilie, denn wie Glaube und Liebe ist ewig die Erkenntnis."

Die Vision, in der ich nun den Anselmus leibhaftig auf seinem Rittergute in Atlantis gesehen, verdanke ich wohl den Künsten des Salamanders, und herrlich war es, daß ich sie, als alles wie im Nebel verloschen, auf dem Papier, das auf dem violetten Tische lag, recht

kühler: frischer   **umsäuseln:** flüstern

wandle: laufe
vorüber: vorbei   **schaue:** blicke
bewahren: konservieren
bunte: farbige
Wonne: Freude   **Entzücken:** Begeisterung
sehnsuchtsvoll: verlangend   **schaut:** blickt
Säulen: Kolonnen   **scheinen:** sehen wie … aus
Kapitäler: Obersten Teile der Säulen
Verzierungen: Ornamente
schreitet: geht
bemoosten: mit Moos bewachsenen
Entzückens: Begeisterung
hoher: erhabener   **Anmut:** Charme
entsprossen: erblüht

erfüllt: Wirklichkeit
Seligkeit: Glückseligkeit   **unsrigen:** unserer
umschlingt: umarmt   **Inbrunst:** Leidenschaft
Haupte: Kopf   **lauter:** hörbarer
regen: bewegen
jauchzen: jubeln   **Quellen:** Brunnen
Getümmel: Schall

zucken: schießen   **Büsche:** Sträucher
Springbäche: Fontänen
wehen: hauchen
huldigen: verehren
verkünden: bekanntgeben
Haupt: Kopf
Vernehmlich: Hörbar

erschlossen: geöffnet
Urkraft: urtümlichen Naturkraft

immerdar: ewig
Hochbeglückter: Mehr als Glücklicher
verbleichen: verblassen

leibhaftig: persönlich
Rittergute: Landgute   **Künsten:** Geschicklichkeiten

verloschen: verschwunden

sauber und augenscheinlich von mir selbst aufgeschrieben fand. - Aber nun fühlte ich mich von jähem Schmerz durchbohrt und zerrissen. „Ach, glücklicher Anselmus, der du die Bürde des alltäglichen Lebens abgeworfen, der du in der Liebe zu der holden Serpentina die Schwingen rüstig rührst und nun lebst in Wonne und Freude auf deinem Rittergut in Atlantis! - Aber ich Armer! - bald - ja in wenigen Minuten bin ich selbst aus diesem schönen Saal, der noch lange kein Rittergut in Atlantis ist, versetzt in mein Dachstübchen, und die Armseligkeiten des bedürftigen Lebens befangen meinen Sinn, und mein Blick ist von tausend Unheil wie von dickem Nebel umhüllt, daß ich wohl niemals die Lilie schauen werde." - Da klopfte mir der Archivarius Lindhorst leise auf die Achsel und sprach: „Still, still, Verehrter! klagen Sie nicht so! - Waren Sie nicht soeben selbst in Atlantis, und haben Sie denn nicht auch dort wenigstens einen artigen Meierhof als poetisches Besitztum Ihres innern Sinns? - Ist denn überhaupt des Anselmus Seligkeit etwas anderes als das Leben in der Poesie, der sich der heilige Einklang aller Wesen als tiefstes Geheimnis der Natur offenbaret?"

augenscheinlich: sichtbar
jähem: starkem   **durchbohrt:** durchsticht
Bürde: Last

Schwingen: Flügel   **rührst:** bewegst

selbst: sogar
Dachstübchen: Mansarde
Armseligkeiten: Elend   **befangen:** beklemmen
Unheil: Übel   **dickem:** starkem
umhüllt: umgeben   **daß:** sodaß
Achsel: Schulter
Still: Ruhig

Besitztum: Eigentum

Einklang: Übereinstimmung
Wesen: Kreaturen

Fragen zum Text.
Kreuze die richtigen Antworten an.

1. Der Student hatte schon immer viel Pech.
   Was ist ihm früher schon oftmals passiert?
   ❏ Wenn er ein neues Kleid anzog, beschmutzte er es sofort.
   ❏ Man hatte ihm schon öfters Geld gestohlen.
   ❏ Wenn er den Hut zog, um zu grüßen, fiel er ihm zu Boden.
   ❏ Er kam immer durch irgendwelche Umstände zu spät.
   ❏ Er hatte auf dem Markt schon einige Töpfe zertreten.

2. Wohin flüchtete Anselmus am Himmelfahrtstage?
   ❏ Er setzte sich unter einen Holunderbaum.
   ❏ Er ging traurig nach Hause und weinte.
   ❏ Der Student fuhr mit dem Zug in eine andere Stadt.
   ❏ Anselmus ging zu einem Freund.
   ❏ Er lachte sich ein Mädchen an und ging mit ihr tanzen.

3. Wie findet der Rektor Anselmus?
   ❏ Arrogant.   ❏ Zerstreut.   ❏ Betrunken.

4. Konrektor Paulmann glaubt, es seien ..., die ihm Anselmus
   erzählt, als er von den Erlebnissen unter dem Baum hört.
   ❏ Märchen   ❏ Lügen   ❏ Träume

5. ... glaubte an das, was Anselmus erzählte.
   ❏ Paulmann   ❏ Veronika   ❏ Heerbrand

6. Anselmus spielt ... und Veronika singt.
   ❏ Geige   ❏ Harfe   ❏ Klavier

7. Wo lebt der Bruder des Archivarius?
   ❏ Mit Lindhorst.   ❏ In den Bergen.   ❏ Im Ausland.

8. Was hindert Anselmus, das Haus von Lindhorst zu betreten?
   ❏ Die Tür ist verschlossen und niemand öffnet ihm.
   ❏ Die Klingel ist kaputt.
   ❏ An der Türe erscheint ihm die Fratze des Apfelweibes.

9. Was hatte der Vater dem Archivarius hinterlassen?
   ❏ Ein Haus.   ❏ Einen Onyx.   ❏ Einen Opal.

10. Wer war Serpentina ?
    ❏ Eine verzauberte Schlange.
    ❏ Die jüngste Tochter des Archivarius.
    ❏ Die Freundin von Veronika.

11. In wen verliebt sich Anselmus?
    ❏ In Veronika.   ❏ In Serpentina.   ❏ In Niemanden.

12. Wieviele Kinder hatte Lindhorst?
    ❏ Keine.   ❏ Einen Sohn.   ❏ Drei Töchter.

13. Veronika möchte Anselmus heiraten, weil er ein ... Mann ist.
    ❏ schöner   ❏ interessanter   ❏ intelligenter

14. Was macht Veronika, um Anselmus für sich zu gewinnen?
   ❏ Sie will die Schlange Serpentina töten.
   ❏ Veronika verspricht Anselmus viel Geld.
   ❏ Sie will mit Magie erreichen, daß er sich in sie verliebt.

15. Veronikas Vertrauen zur alten Liese wuchs von Tag zu Tag.
   ❏ ja   ❏ nein

16. Sie ließ vom Plan ab, die feindliche Person durch magische Kräfte zu entfernen.
   ❏ ja   ❏ nein

17. Veronika hatte Angst vor Unannehmlichkeiten.
   ❏ ja   ❏ nein

18. Die Alte schenkte ihr einen Metallspiegel.
   ❏ ja   ❏ nein

19. Wodurch konnte Anselmus Serpentina erringen?
   ❏ Er mußte um sie kämpfen.
   ❏ Durch seinen Glauben und seine Liebe.
   ❏ Durch das Kopieren der Manuskripte.

20. Aus welchem Geschlecht stammte Lindhorst ab?
   ❏ Aus einer adligen Familie.
   ❏ Niemand weiß es.
   ❏ Aus dem Geschlecht der Salamander.

21. Was sah Anselmus plötzlich?
   ❏ Serpentina.
   ❏ Das Gesicht des Äpfelweibes.
   ❏ Den Archivarius.

22. Hatte er Hoffnung, aus der Flasche erlöst zu werden?
   ❏ Nein, denn das Weib hatte ihn verhext.
   ❏ Ja, denn er glaubte an Serpentina.

23. Wer gewann den Kampf?
   ❏ Das Apfelweib.   ❏ Der Salamander.   ❏ Beide starben.

24. Wer machte Veronika den Hof?
   ❏ Anselmus, nachdem er Serpentina verloren hatte.
   ❏ Anselmus, weil er glaubte, so vom Bann erlöst zu werden.
   ❏ Heerbrand, der inzwischen Hofrat geworden war.

25. Was schenkte ihr Heerbrand zur Verlobung?
   ❏ Einen goldenen Ring.
   ❏ Ein Armband.
   ❏ Ohrringe.

26. Wo leben jetzt Anselmus und Serpentina?
   ❏ Sie leben beim Vater von Serpentina.
   ❏ Sie wohnen jetzt im Wald.
   ❏ Sie leben in Atlantis.

Inhaltsverzeichnis

1. Vigilie .... Seite 2
2. Vigilie .... Seite 10
3. Vigilie .... Seite 22
4. Vigilie .... Seite 30
5. Vigilie .... Seite 38
6. Vigilie .... Seite 40
7. Vigilie .... Seite 50
8. Vigilie .... Seite 56
9. Vigilie .... Seite 66
10. Vigilie .... Seite 68
11. Vigilie .... Seite 76
12. Vigilie .... Seite 84

E.T.A. HOFFMANN

DER GOLDENE TOPF

WORTERKLÄRUNGEN
RUTH MARGOT BEITAT
LINGUISTISCHE BERATUNG
EVA SALM
UMSCHLAGILLUSTRATION
REMBRANDT VAN RIJN - HEILIG PAULUS IN KETTEN
DRUCK
TECHNO MEDIA REFERENCE - MAILAND
© WORTERKLÄRUNGEN UND ÜBUNGEN
2002 - *La Spiga languages* MAILAND
VERTRIEB
MEDIALIBRI DISTRIBUZIONE S.R.L.
VIA IDRO, 38 - 20132 MAILAND
TEL. (02) 272.07.255 - FAX (02) 25.67.179